轻与重
FESTINA LENTE

姜丹丹 主编

乡愁

[法]芭芭拉·卡森 著　唐珍 译

Barbara Cassin

La Nostalgie:

Quand donc est-on chez soi ? Ulysse, Énée, Arendt

华东师范大学出版社

华东师范大学出版社六点分社　策划

主 编 的 话

1

时下距京师同文馆设立推动西学东渐之兴起已有一百五十载。百余年来，尤其是近三十年，西学移译林林总总，汗牛充栋，累积了一代又一代中国学人从西方寻找出路的理想，以至当下中国人提出问题、关注问题、思考问题的进路和理路深受各种各样的西学所规定，而由此引发的新问题也往往被归咎于西方的影响。处在21世纪中西文化交流的新情境里，如何在译介西学时作出新的选择，又如何以新的思想姿态回应，成为我们必须重新思考的一个严峻问题。

2

　　自晚清以来，中国一代又一代知识分子一直面临着现代性的冲击所带来的种种尖锐的提问：传统是否构成现代化进程的障碍？在中西古今的碰撞与磨合中，重构中华文化的身份与主体性如何得以实现？"五四"新文化运动带来的"中西、古今"的对立倾向能否彻底扭转？在历经沧桑之后，当下的中国经济崛起，如何重新激发中华文化生生不息的活力？在对现代性的批判与反思中，当代西方文明形态的理想模式一再经历祛魅，西方对中国的意义已然发生结构性的改变。但问题是：以何种态度应答这一改变？

　　中华文化的复兴，召唤对新时代所提出的精神挑战的深刻自觉，与此同时，也需要在更广阔、更细致的层面上展开文化的互动，在更深入、更充盈的跨文化思考中重建经典，既包括对古典的历史文化资源的梳理与考察，也包含对已成为古典的"现代经典"的体认与奠定。

面对种种历史危机与社会转型，欧洲学人选择一次又一次地重新解读欧洲的经典，既谦卑地尊重历史文化的真理内涵，又有抱负地重新连结文明的精神巨链，从当代问题出发，进行批判性重建。这种重新出发和叩问的勇气，值得借鉴。

3

一只螃蟹，一只蝴蝶，铸型了古罗马皇帝奥古斯都的一枚金币图案，象征一个明君应具备的双重品质，演绎了奥古斯都的座右铭："FESTINA LENTE"（慢慢地，快进）。我们化用为"轻与重"文丛的图标，旨在传递这种悠远的隐喻：轻与重，或曰：快与慢。

轻，则快，隐喻思想灵动自由；重，则慢，象征诗意栖息大地。蝴蝶之轻灵，宛如对思想芬芳的追逐，朝圣"空气的神灵"；螃蟹之沉稳，恰似对文化土壤的立足，依托"土地的重量"。

在文艺复兴时期的人文主义那里，这种悖论演绎出一种智慧：审慎的精神与平衡的探求。思想的表达和传播，快者，易乱；慢者，易坠。故既要审慎，又求平衡。在此，可这样领会：该快时当快，坚守一种持续不断的开拓与创造；该慢时宜慢，保有一份不可或缺的耐心沉潜与深耕。用不逃避重负的态度面向传统耕耘与劳作，期待思想的轻盈转化与超越。

4

"轻与重"文丛，特别注重选择在欧洲（德法尤甚）与主流思想形态相平行的一种称作 essai（随笔）的文本。Essai 的词源有"平衡"（exagium）的涵义，也与考量、检验（examen）的精细联结在一起，且隐含"尝试"的意味。

这种文本孕育出的思想表达形态，承袭了从蒙田、帕斯卡尔到卢梭、尼采的传统，在 20 世纪，经过从本雅明到阿多诺，从柏格森到萨特、罗兰·巴特、福柯等诸位思想大师的传承，发展为一种富有活力的知性实践，形成一种求索和传达真理的风格。Essai，远不只是一种书写的风格，也成为一种思考与存在的方式。既体现思索个体的主体性与节奏，又承载历史文化的积淀与转化，融思辨与感触、考证与诠释为一炉。

选择这样的文本，意在不渲染一种思潮、不言说一套学说或理论，而是传达西方学人如何在错综复杂的问题场域提问和解析，进而透彻理解西方学人对自身历史文化的自觉，对自身文明既自信又质疑、既肯定又批判的根本所在，而这恰恰是汉语学界还需要深思的。

提供这样的思想文化资源，旨在分享西方学者深入认知与解读欧洲经典的各种方式与问题意识，引领中国读者进一步思索传统与现代、古典文化与当代处境的复杂关系，进而为汉语学界重返中国经典研究、回应西方的经典重建做好更坚实的准备，为文化之间的平等对话创造可能性的条件。

是为序。

姜丹丹（Dandan Jiang）

何乏笔（Fabian Heubel）

2012 年 7 月

我独断独行，一脚踏入一地，一只脚另一地，

我发觉自己自由自在，幸福无比。

——勒内·笛卡尔 1648 年 7 月

《致克里斯汀娜的信》

目 录

1

1

好客的科西嘉

它被重新发现。那是什么？——永恒。是与太阳同行的大海。

——阿尔蒂尔·兰波

一座不在我家又是我家的岛屿

我似乎回到了家，但这不是我的家。也许因为我没有自己的家。或者更确切地说，因为我不在自己家时却最有在自家的感觉，哪里都像我的家。那么什么时候才算在自己家了呢？

我下了飞机，到机场停车库取车。有人指给我那辆落伍的白色标致轿车停放的位置，那辆车的登记号一直是75，开起来像卡车。正值夏天，我上了公路，不如说是上了横穿环礁湖的公路,沿途能看到果蔬,丰硕的柠檬、甜瓜、杏子,已经成熟的无花果、番茄、牛心果、大理石斑纹的紫茄子和茂密的小笋瓜。隧道、圆形广场和减速装置,然后是转弯,一个挨着一个。一切都在旋转,转弯处在我飘忽不定的注意力里,融进了我的双手,可能是我的方向盘。排气管的废气排除后,季节带来了丛林的、含羞草的、夹竹桃的、火和海的气息("这是难以觉察的松树的呼吸,是与蒿属类植物的接触……"《阿斯特里克斯》①里的监狱逃犯这么说,他沉迷于其中)。我看到了工业区的进步,新建或翻新的房屋,一走上海岬路,变化就不大了。宛如奔向马厩的马儿,我回家了。

就是要有这样的体会我才乐意出发:这是我内心难以抑制的思乡情愫,是我每次"回到"科西嘉感受到的心情。我投入这种强烈的感情,奇怪的是在这个岛屿上没有我的祖先,我不在这里出生,儿时和年轻时也不在这里成长。我不是科西嘉人,我生在巴黎,住在那里,在那里

---

① R. Goscinny et A. Uderzo,《阿斯特里克斯在科西嘉》(*Astérix en Corse*),Paris,Dargaud,1970,第 20 页(阿斯特里克斯为两位作者创作的法国人祖先高卢人的动漫形象。——译注)。

4

工作,生下我的孩子,并在巴黎市中心一间可爱的、有些阴暗的房间里抚养了他们。我有生硬的口音:我怎么竟然感觉像是回到了自己家?为什么我竟如此怀念这种长久远离巴黎的感觉?"你来落叶归根",有人看见我在村子里时,经常对我这么说,这是一个如此怪异的说法——何谓源?何为根?我不在自己家,然而我就在自己家。这和《新约全书》说"用世物的,就像不用世物"(《哥林多前书》,7,31)一样,我在家就"像",就当作,我不在自己家。因为我在那里没有根,我作为毫无根系的人——我喜欢这样,或曰,我希望在那逗留(我的母亲出身于取道的里雅斯特和意大利要求收复之地而来到匈牙利的犹太人家庭,我父亲的家族可远溯至柏柏尔海盗,好像属于维耐散伯爵领地为教皇服务的银行家的一部分),确确实实,"像"待在了自己家里。

我喜欢思考/梦想乡愁,显然因为我喜爱荷马、奥德修斯、希腊语、地中海。然而,这还更为奇怪,因为我情系科西嘉,情系在另一座岛上,沉浸在一座房屋,一个村庄和一隅海岬的景域里,而那并不是我的岛屿,起码我不出生在那里。可是"乡愁"却是我一想到这片岛屿,就会自然而然地涌出的词汇。但是这一切都像"荷马"本人,"乡愁"并不就是人们所想的那样。荷马也不再是本土诗人,不再是照原样①创作《伊利亚特》和《奥德赛》的唯一的人,乡愁也不再是简单的思乡病和返回家园。这种蔓延的温情,就像本源一样,是被遴选的假想,它不断提醒人们去把握它,让这个想象招人喜爱,变得有人情味,成为文化现实。那么这个回到乡土,用现代情感改造《奥德赛》的最佳方式,也许并不是你的方式吧?

故乡就像一种语言,"没有归属②"。

我希望从一种非常个人化的经验出发。

我丈夫死于一连串漫长又短促的疾病,村里的峡谷和我们为自己建造的房屋温情地接受了他。

在科西嘉这片奇异的、还保持着拿破仑时代习俗的土地上,在超出一般范围的法律中,除了继承权和烟草价

---

① 见 Milan Parry 和 Moses Finley,《奥德修斯的世界》(*Le Monde d'Ulysse*, 1954 et 1977), C. Vernant-Blanc 和 M. Alexandre 译, Paris, Maspero, 1969 et 1978; Paris, La Découverte, 1983 et 1986。

② Jacques Derrida,《终究要学会生活:与让·比尔博姆的谈话》(*Apprendre à vivre enfin. Entretiens avec Jean Birnbaum*), Paris, Galilée/Le Monde, 2005, 第 39 页。

格,若得到省级设施部门批准,还有在自家建坟的优先权。就是在这个村子和这间屋子里,在一个面对屋顶、船只和大海的平台上,我的丈夫被安葬。在一块竖立的石板上,朋友们雕刻了他的名字和生卒日期,他们乘船去小海湾找到了这块石板。大家坐在一条我们共同打造的晃悠的长木凳上。还是在那里,并排着的是我的墓穴,它发出空洞的声响,置放在一片不归我们所有/不属于我们的土地上。

他去世的日子可预见但未知("他这么疲惫,不要看他了,让他走吧",那天早上女医生对我这么说),墓还没有完工。然而那天有两个人给我打电话说他们家族的墓地欢迎他:"科西嘉的好客也包括这方面。"

我们被接纳了。无论怎么说,我是法国人,我的身份证说明了这一点,科西嘉在法国,那么我就是待在我的国家我的家里了。然而,只是因为我在这里被接待才有了在自家的感觉。其他在这里生根、开枝散叶的人,接纳了我。我没有接收我父母的土地,我感激他们,我享用了一片首先并不属于我的、不完全属于我的土地,即便我也是这片土地的合法主人。因为相互性是有争议的。

7

"Hôte",这同一个词指的是迎客的主人和被迎接的客人,是远古的发明,是文明本身。可能需要补充的是,希腊语的 *xenos* 在提到这两个意义上的 hôte 这个词的时候,另外还有"外乡人"之意,这是必须要精心款待的人,而拉丁语的 *hostis* 也指"敌人",信任和怀疑并存。

从屋子上方,我们看到从大海延伸下去的塞涅卡塔,在那里塞涅卡写下了《论慰藉》(*De Consolatione*)。我们这些亡者和生者,都被村庄接受了下来。然而,在这个展现于岛屿纯净天际的真正希腊人的宇宙空间里,我们同时也被世界所接纳——"它被重新发现。那是什么?——永恒。是与太阳同行的大海",兰波清楚地说道(这些冲出我唇边的语句,是为了感谢那些熟人,有时是陌生人,他们满怀尊重,悲悲切切,顶着六月午间的炎热,来迎接硬生生颠簸的灵车)。

实实在在的岛屿就在这里。一座以十分精确的方式真实存在的岛屿。我们从船上,从飞机上,看到岛屿的边缘。从岛屿看去,海际的地平线弯弯的,夕阳西下的傍晚,大地圆圆的。我们知道在水中间,有一道海岸线,在内地和广阔的外部区域之间形成界限,那是岛屿的终极。

一座岛屿绝妙地形成一个实体，一个身份，某个事物，有轮廓，*eidos*，犹如露出水面的思想。一座岛屿以其有限性，形成对世界的看法。它在宇宙、宇宙空间和宇宙秩序中，伴随着我们头顶的星空，一望无际的前景，敏锐的视觉，显现在那里。我在希腊，在科西嘉经常体验**宇宙**，体验希腊人的"世界"——那是"秩序和美丽"，波德莱尔如是说。在每条路弯，每个转角，每一步，世界都在重构、重组。视线触及之处甚至瞬间定格，目光被轻轻捕获，每每形成新的惊喜。在宇宙学（cosmologie）和美容术（cosmétique）之间，无限和有限之间，地平线重新布局。岛屿绝妙地形成一个场所。

思念岛屿。岛屿同时作为场所，是个极为特殊的地方，一个在出发时就邀请你的地方：岛屿只能是出发地，"噢，死神，这个老船长"。而你希望，也必须，返回这个地方。它决定一切，吸引着你。你可以相信时间像地平线一样是拱形的，你无论如何会在远航、环游、历险后回来。

然而那里真是你要返回的地方吗？你要一直在那里待下去吗？

乡愁,一个瑞士词汇

"乡愁"(nostalgie),在 *nostos* 这个词上,完全是希腊语发音,意为"返家",而 *algos*,意为"疼痛","痛苦"。乡愁,就是"返乡之痛",既有背井离乡的痛苦,也有返回时的伤痛。与《伊利亚特》一起创建了希腊语言和文化的《奥德赛》是可能根本不存在的盲诗人"荷马"创作的一部史诗,它的创作是为了歌颂主人公奥德修斯千里迢迢返家的曲折。这是一首十分优美的乡愁诗。

然而"乡愁"并不是希腊词汇,在《奥德赛》里找不到这个词。这不是希腊词汇,而是一个瑞士、瑞士德语词汇。说实话这是一个直到 17 世纪才编入疾病目录的词汇。依照 1678 年的《法语历史词典》,这个词实际上出自一位医生让-雅克·哈德尔(Jean Jacques Harder)的发明,是为了表达路易十四的忠臣和瑞士高价雇佣兵所隐忍的思乡之痛(*Heimweh*)——"没有瑞士,就没有财富"。不然这个词就是在 1688 年由乔汉斯(Johans)或者让·豪佛尔(Jean Hofer),米卢兹的一位阿尔萨斯牧人之子打造而成,他在

19岁时为这个词写了一篇医学小论文交给巴塞尔大学,写了"一些年轻人的故事"。有一个病例是,一个在巴塞尔上大学的伯尔尼人,萎靡不振,但是在快抵达伯尔尼的路上痊愈;另一个病例是一名住进医院的农妇("我想家,我想家",她呻吟着,拒绝服药进食),回到家即痊愈——人们因此在意味深长的心绪不宁中认识了这个词的本源。[①]

这很快成为一个军中问题:瑞士人听到"瑞士牧歌"这一牧场小调时,就开小差。"这首瑞士人如此喜爱的小调",卢梭在自己的《音乐词典》里写道,"却禁止在军队里冒生死危险来演奏,因为它会化作泪水,深深撩拨那些听到此曲的人热切重见家园的欲望,致使他们开小差或阵亡。"[②]

---

① 见 André Bolzinger,《乡愁的历史》(*Histoire de la nostalgie*, campagne première, 2007),第一部分,第 1、2 节,描述了豪佛尔的论文(16 页, 1688)是如何被茨温格(Zwinger, 1710)"补充完整"并出版,后由哈勒尔(Haller, 1745)再版。后者又回到最初版本,但是标错了时间(写成 1678 而不是 1688),并臆想出一个名为哈德尔的先驱。亦可首先参见一篇医学报告,即让·斯塔罗宾斯基(Jean Starobinsiki)的文章:《第欧根尼》(*Diogène*)中的《乡愁概念》(*Le concept de nostalgie*), 54, 1966,第 92—115 页,后在《抑郁的笔墨》(*L'Encre de la mélancolie*)中的《乡愁忠告》(La leçon de la nostalgie)一章中被大量采用, Paris, Seuil, coll. Librairie du XXIᵉ siècle, 2012,第 257—280 页。

② Jean-Jacques Rousseau,《音乐词典》(*Dictionnaire de la musique*)中《音乐》(Musique)词条。

为了确诊操德语的瑞士人的这个毛病,医学界人士制造了"乡愁"这个词,就像人们所说的"腰疼"或"神经痛"。如果我坚持这个说法,那是因为这个词的来源在我看来作为本源极具代表性:这个包罗了《奥德赛》的词,根本无本源,无始祖,简言之,无"希腊语"。它在历史上经历了制作、杂交(正如起源,并不是确切的历史事实,重新引用海德格尔炮制的概念,应该说是有"历史渊源"的),如同所有的本源一样,用于追述以往的目的性。《论乡愁》(*Dissertatio de nostalgia*)的排版用了大写的拉丁语字母 DISSERTATIO MEDICA,大写的希腊语字母打造的 NOΣTAΛΓIA,小写的哥特字体 *oder Heimweh*(思乡病)证实了这一点。它险些因为以下几个词的优势被压倒:也是哈德尔建议的 *philopatridomania*("对祖国的疯狂之爱")一词,茨温格打造的 *pothopatridalgia*("向往热爱祖国之痛")和哈勒尔的小标题 *Heimsehnsucht*……然而 *nostos*,"返家"这个词获得了胜利。

查阅尚特莱纳的《希腊语词源词典》,一次性获得的材料少得可怜:*nostos* 派生于 *neomai*,意为"返回,回来",取决于一个词根,其积极意义可能是"拯救";*anostos* 要说的是"没有收成,颗粒无收",Nestôr 是"欢乐而归,愉快地带回了自己军队的那个人"的名称;在现代希腊语中,nostimos 含"有趣味,亲切可爱"的意思,词根的意义可能是"愉快归来,致意",在德语和盎格鲁-撒克逊语中可以发现这个词根(分别为"被治愈,被拯救,继续生存"和"拯救,治愈,供养"),梵文有对应 neomai 的词汇,因此 nasate 有"接近,结合"之意,没有决定性障碍的意义的细微区别在于,它可能更接近 nimsate 之意:"他们相拥,亲吻"——归乡与爱情并非没有联系。

这本书借"乡愁"(nostalgie)探寻了祖国、流亡和母语之间的关系。《奥德赛》讲述了奥德修斯经受考验以及他不断耽搁、返回家乡的故事,本身就是一首乡愁诗。噢,多么具有象征性的符号啊!奥德修斯终于回到"自己家里",回到自己的故乡。他用自己的双手在一棵橄榄树根部凿出床铺,在周围,建造了自己的房屋。这是一个只和妻子分享的秘密。背井离乡和落叶归根:这就是乡愁。

当埃涅阿斯背负着祖国,肩扛着父亲安喀塞斯和两尊家神从燃着大火的特洛伊逃出来的时候,他带走的是祖国。他一处又一处地游荡,直至心怀仇恨追击他的朱诺同意让他建造后来的罗马城,然而要有一个条件:忘记希腊语,维吉尔说,只能和古罗马人一样"用一张嘴"说话。创建史诗的人这一次也创建了语言。

祖国的语言为祖国,只为祖国而生存。因此在那个黑暗的年代,当汉娜·阿伦特流亡至美国并"入籍"后,她决定不与国家和人民发生关系,而只是维系一种语言——德语。她思念自己的语言,希望听到它的声音。何谓固有?何为外来?"像奥德修斯那样的幸福之人":没有比杜贝莱的十四行诗更错误的了,因为奥德修斯返乡时只在"自家"待了一夜,好紧张啊。他的确该重新出发到远离祖国、远离大海的地方,抱着船桨,在内陆行走。直到一个人与他相遇时问他:"外乡人,你强健的肩头上扛着的是什么粮铲呀?"只在那时,奥德修斯才可能把船桨放下,向海神波塞冬最后一次奉献祭品,返回家园,"在亲人当中度过余生"。但是《奥德赛》只字未提相关情况。因为不如说"还未来得及提到",也可能是对固有和外来之间的关系形成的蔑视——这把必须被看作粮铲的船桨,成为思乡的特征。

我要在这部随笔里分析人类在时间、在死亡、在永恒中的关系,还有人类与祖国的最佳与最糟的关系。我将依赖荷马展示出的一系列在我看来可以定义乡愁的原始场景。然而我不是不考虑这个概念形成的现代用法,它与有时令人惊骇的模棱两可如"在自家"和"爱国主义","家"(home)和"家乡"(Heimat),直至法西斯主义和纳粹主义传递的对鲜血与土地的崇拜联系在一起。因为每一种语言都有它自己表达乡愁的方式,将不适之痛置于身体的一个部位(黑胆汁为**忧伤**,脾不健**易消沉**,喉咙不清**易躁**),将这个词作为过渡词汇载入文化登记簿,甚至将莎士比亚的忧郁(spleen)引入波德莱尔的作品时,还有将其与过去或未来的事件或期待联系起来,形成个人的、历史的、存在论的、宗教的、社会的、爱国的痛楚——如绝望(*acedia*)、乡愁(*saudade*)、渴望(*Sehnsucht*)、失望(*desengaño*)等等词汇时①。我会考虑是否和怎样才可能研究乡愁与故土或者爱国主义之间的联系,把乡愁变为一种另类奇遇,把我们引向更为广阔、更受欢迎的思想门

① 在此可参照作者本人的《欧洲哲学词汇:不可译辞典》(*Vocabulaire européen des philosophies. Dictionnaire des intraduisibles*),Paris, Seuil/Le Robert,2004,其中所有类似词汇都构成了词目。

槛,进入从所有表象脱颖而出的世界观的门槛。或者还有:从何种意义出发,从什么意义上可以说乡愁是一种定义欧洲的情感? ——"欧洲人:是思念欧洲的人",这是昆德拉在《小说艺术》(*L'Art du roman*)中所言及的说法。

2

奥德修斯与返乡日

夫人啊,谁搬动了我的那张卧床?

——荷马,《奥德赛》

生根的床榻

致命的环境

奥德修斯的返乡和为瑞士人发明的乡愁一样荒谬。因为当奥德修斯最终踏上伊塔卡岛时,已经认不出岛的模样,而他本人却是被自家的狗先认了出来。当他屠杀了求婚者和不忠的女仆重新获得自己的身份时,当他与妻子重逢,妻子终于同意与他相认时,这位英雄只停留了一个夜晚便又出发了。

如果我计算正确,奥德修斯离开伊塔卡岛有 17

年。所有希腊战士需要用 10 年的时间重新夺回被帕里斯劫持走的海伦,并最终攻占特洛伊。10 年后,那些没有死去的战士都回到了自己家,有的像阿伽门农那样,遭到背叛,命丧黄泉。但是奥德修斯却总是无法返回。《奥德赛》的问题是想了解奥德修斯这个活着的人当中唯一没有回家的人是否"回去了"(希腊语为 *nostimos*①),他最终是否知道"返乡之日"(*nostimon emar*),或者他是否被"剥夺了"返乡日(I,9),或者那个日子"已消失"(I,168,354)。

这时其他躲过凶险的死亡的人们都已离开战争和大海,返抵家乡,唯有他一人深深怀念着归程和妻子,被高贵的神女卡吕普索,神女中的女神,阻留在

---

① XIX,85:这是奥德修斯扮成陌生的乞丐对珀涅罗珀说的话。同样的形容词也用于忒勒玛科斯出发找寻父亲时的情况,他回去了(Il est *nostimos*)(IV,806)。*Nostos* 是史诗的关键:奥德修斯追寻的是"和我一样欢欢乐乐地回家"(XI,100:忒瑞西阿斯在地狱时也是和他这么说的),"珀涅罗珀内心充满哀怨,天天等待他回家"(XIII,379,雅典娜向奥德修斯描述伊塔卡);"结果就是温馨回家",这是肠卜僧为麦珀涅罗珀为妻曾经乐意坚持的说法(XXII,323,奥德修斯杀死了他和其他人)。"人们会不再相信我回家吗?"是奥德修斯不停提出的烦心问题。

深邃的洞穴，一心要他做丈夫(I，11—15)①

　　史诗让故事情节充分展开，众神聚集，展现了人与神的亲密关系，就神这一方而言，人-神的内在性，在我看来这构成了最佳的异教。相反，勒内·夏尔②是这样描述人类的："我们并不妒忌神灵，我们不为之服务，不惧怕他们，但是当我们的生活面临灾难时，我们却证实了他们多方面的存在，终止对他们的记忆时，则感动于他们冒险的栽培③。"

　　三言两语便让我们感受到了荷马让我们进入的异教世界。尼采说："说实话，这形成了一个究竟是圣经、荷马

---

　　①　我重新开始翻译，但有时大加修改以便从文字上更接近贝拉尔(Bérard)的精彩翻译文章(Armand Colin，1931；Les Belles Lettres，1972)，保尔·德蒙(Paul Demont)和玛丽-皮埃尔·诺埃尔(Marie-Pierre Nöel)抹去了狂热的干预部分(Livre de poche，1996)；而我也从菲利普·雅克泰(Philippe Jaccottet)的翻译中得到启发(Maspero，1982)。简言之，我重新做了翻译。(中译文出自王焕生译《奥德赛》，人民文学出版社，2003年)

　　②　勒内·夏尔(René Char，1907—1988)，法国著名诗人，以格言诗著名，创造的形象十分独特。——译注

　　③　这句话印在小布拉克(Braque-Georges Braque，法国20世纪立体主义绘画大师。——译注)的形象下面，夏尔如此描述道："推动着云端石头的小鸟西西弗斯。"

还是科学主宰人类的差异①。"为了定义这个异教世界,我提出了以下标准:这个世界是这样的,来到它面前的可称之为神;因为当异教徒与人相遇时总是期待:自己是神。在一神教的世界,这样的期待不可能瞬间产生——不仅仅是弥赛亚是否已经到来。在荷马的世界里,一切却都可以相互渗透:人,神,动物,事物。奥德修斯是"神样的奥德修斯",也"自然是"千变万化的(polutropos)(荷马的修饰语,可以这么说,是"自然的修饰语",它们表达了"自然",人本身及其所适应的内容)。他出现在瑙西卡面前时,是"一头山中狮子",瑙西卡呢,奥德修斯与她对话,没管她是"女人还是女神",只是看到她无与伦比的美貌时,寻思她"酷似棕榈树娇嫩的身躯②"。因此,"秩序与美丽"(Kosmos),是说明世界和谐、在现实中对希腊岛屿易动感情的词汇。人们那时并不考虑上帝是否存在,是否卓越超群,是造物主还是数学家;神仙才是世间梦境的内在陪衬;这个"梦境的

---

① 《人性的,太人性的》(Humain trop humain, 1878—1879),《荷马》(Homère),格言262,法文版,Paris, Gallimard, coll.《Folio》,1987,第583页。

② 《奥德赛》(Odyssée),VI,130,然后为149和163。

辉煌创作",奥林波斯诸神,对希腊人来说是"他们自身在美这一范畴内的反映"——还有尼采,他建议将"好梦想的希腊人定性为荷马,而将荷马本人定性为好梦想的希腊人[①]"。这是《奥德赛》让我们进入的世界。我们将看到这并不完全是维吉尔的世界:介于"神样的奥德修斯"和"虔诚的埃涅阿斯"之间,忽而"自然的",忽而"政治的",成为异教徒的方式并不相同。

面对众神,雅典娜抱怨自己保护的奥德修斯,是唯一没有回到家的。奥德修斯希望看到自己家乡冉冉升起的炊烟,他远离家乡而泣,呼唤着死亡。

整整七年,卡吕普索,那位"藏匿者","那个遮遮掩掩的仙女",将他扣留在远离其家乡的地方,给他灌输爱情的甜言蜜语,让他忘记伊塔卡岛。这位仙女是海神波塞冬的女儿,奥德修斯因为杀独眼巨人而冒犯了波塞冬,波塞冬坚持不让他回乡。然而在波塞冬远在埃塞俄比亚人那里时,雅典娜建议利用这个时机。宙斯说:"我们下令让他回

[①] 《悲剧的诞生》(*La naissance de la tragédie*),法文版,Paris,Robert Laffont,coll.《Bouqins》,1993 I,第40页及以下。

家"，紧急把赫尔墨斯派到卡吕普索那里。满头漂亮发卷的仙女回应说她会遵守这道指令不加申诉，但是抗议充满妒忌的诸神"拒绝神女们同自己用心选择作为夫婿的凡人结姻缘"（V,119s）。爱情和情人之间的竞争，新旧情人的关系，新人变成旧人的方式和冲动的习惯，总之时光犹如线条犹如周期，那些都是乡愁的关键因素。

以下是描写乡愁的主要场景。顺从的卡吕普索朝奥德修斯走去：

> 她看见他的时候，他正坐在海岬上，饱含泪水，消磨着美好生命，怀念归返（*kateibeto glukus aiôn*）。因为他在神女那里再也无快乐可言，夜晚必须回到洞穴，睡在她的身边。（……）他抬眼观望苍茫的大海，挥洒着泪水。（V,151—158）

同样的乡愁形象也出现在卡斯帕·弗里德里希[①]的

---

① 卡斯帕·弗里德里希（Caspar Friedrich, 1774—1840），德国早期浪漫主义风景画家。——译注

画幅里:奥德修斯背靠海岬,遥望大海,"将自己美好的生命(*aiôn*)融入其中",随着"喷涌"的"泪水",驱散了他"生命"的"精华"与"时光"(因为 *aiôn* 说出了所有这一切①)。

卡吕普索爱他、想帮助他,最后一次提醒他:

> 无论如何要多加保重。但是如果在你到达家乡之前,你心里能够知道命运中还有多少苦难,你也许希望留在我这宅邸,获得永生。(V,205—210)

乡愁,就是让人更喜欢回家,哪怕在家发现时间在消逝,发现死亡,最糟糕的是,发觉衰老,而不是永生不死。这就是返乡欲念的分量,奥德修斯这样回答那位神女:

> 尊敬的神女,请不要因此对我恼怒。这些我全

---

① 要弄明白 *aiôn*(指与生命有关的液体,包括眼泪、血液、精液和汗液,因此也表示生命,给予的时间,过程,永恒)的意义,必须参照 R. B. Onians 的《欧洲思想的本源:关于身体、思想、灵魂、世界、时间和命运》(*Les Origines de la pensée européenne. Sur le corps, l'esprit, l'âme, le monde, le temps et le destin*),B. Cassin,A. Debru 和 M. Narcy 译,Paris,Seuil,1999,II,6"生命的物质"。

都清楚,审慎的珀涅罗珀无论是容貌或身材都不能
和你相比,因为她是凡人,你却是长生不衰老。不过
我仍然每天怀念我的故土,渴望返回家园,见到归返
那一天。(V,215—220)

康德断言,乡愁之人,包括瑞士人,总是失望,因为
他们要重新找到的并非是度过青年时期的地方,而是青
春本身——因此"失望",他又说,只有"从渴望中治
愈①"。奥德修斯更确切地拿出了反证:他要的就是那
个年年增岁的珀涅罗珀。永恒的青春并不存在,时光却
必要逝去。确实,乡愁把时空联系在了一起。然而它选
择的是死亡境遇,并把这一境遇扎根在某个地方。别处
的恋情,出自别处的爱,面对同样的渴望都会却步。卡
吕普索的美艳愈是至高无上,愈是永恒,乡愁愈是选择
有限性,这就是那个家(oikade)。回家,就是跌入共同的

① "后来他们回到家里,他们在期待中沮丧,现在被治愈;他们肯
定想一切都变了;然而事实是,他们不可能把青春带回来了。"(《实用主
义角度出发的人类学》[Anthropologie du point de vue pragmatique]I,1,M.
Foucault 译,Paris,Vrin,2008,第132页)

命运:衰老,死亡——"在亲人中度过余生",杜贝莱经历了一切之后感叹道。奥德修斯第二次出发时,令他叹惋的还是返乡。

辨认

然而如何知晓这个人回到自己家了呢?

奥德修斯第一次已经抵达伊塔卡岛。他向费埃克斯人诉说与独眼巨人们的那段插曲以后,到了风王艾奥洛斯那里,风王接待了他,还有他的同伴们。风王对他示以关怀,情愿吹起微风,将暴风关进一个羊皮袋送给他,保证他回到家里。就这样经历了九天九夜航海以后,故乡的土地呈现在眼前,近得可以看到人们在生火添柴。奥德修斯道:"那一刻,我疲劳过度,深深陷入梦境,我一直掌控着船舵,没有把舵柄交给同伴,好尽快抵达故乡的土地①";他睡着了,同伴们打开口袋,风被释放出来,一切又从头开始了。当奥德修斯从海面观望伊塔卡时,他显然辨认出来了,然而睡意让他再一次丢失了八年时间,那

---

① X,31—33。

是一次惊险的旅行——莱斯特律戈涅斯人，喀耳刻，冥府亡魂，海妖，卡律布狄斯和斯库拉，太阳神的岛屿，还有卡吕普索。

这一次是第二次了。奥德修斯乘木筏离开了卡吕普索的岛屿，他如卡吕普索预见的那样遭了难，精疲力竭沉睡在小溪边的沙滩上。一只球唤醒了他，这是瑙西卡和她的仆人们的球，她们在那里玩耍等待衣服晾干。他恳求她（"我抱你的双膝……因为我十分害怕去抱它"，他说这句话的同时创造了随行动词①），他抵达费埃克斯人的宫殿，在那里受到接待，听人讲述《伊利亚特》，他哭了，自己接着叙述起来……费埃克斯人是好艄公，然而招致海神发怒，他们把奥德修斯一个人带了回来，因为他的同伴都先后遇难。他们把他安置在他的岛上——他在这重要时刻又一次沉沉睡去。

奥德修斯不在岛上的时候很熟悉它的模样，现在到了竟然认不出来了。史诗第十三卷描述了这一难辨故乡

① VI，141—169；我用这个场景作为《如何真正用词语做些事情》（*Comment faire vraiment des choses avec les mots*）的起始，Fayard即将出版。

的场景,与此相对应的是,奥德修斯本人必须不被认出,成为认不出来的人。

> 神圣的奥德修斯醒来,沉睡在父辈的土地之上,但是离开那么久,他已经认不出这片土地的模样;在他的周围,还有宙斯女儿帕拉斯·雅典娜倒出的迷雾,致使他无法辨认。(XIII,187—191)

他终于到了那里,然而又不完全在那里,一切都是另外的形式,另外的想法(alloeidos),没有什么比这个异常情况,不是自己家(unheimlich)更为恐怖,没有什么比自己的乡土更加令人焦虑。弗洛伊德的术语正当其位:故乡(Heimat),不是自己家(unheimlich),在自己家了(heim),又不在自己家(unheim),这是"异常令人不安的"词形本身的变化;因为,弗洛伊德说:"德语词 unheimlich 表现的是 heimlich,heimisch("家园的"),vertraut("熟悉的")的反义词,我们试图由此得出结论:一件事情令人害怕只是因为它不被认知,不被熟悉。"然而这有误,他继续道:"异常令人不安是令人害怕的特殊变种,可追溯到长久以来了解的东西,长久以来熟悉的东西①。"因此维克多·贝拉尔(Victor Bérard)的翻译可能不精确,但是极为恰当的是,当他引入"焦虑"这个词时,这种特殊方式的担忧没有针对性,并且令喉咙发紧:

　　一切都以另外的形式在主人面前显现,

　　漫长的小路,泊船的港口,

　　陡峭的岩石,茂密的树林;

　　他一跃而起,环视着乡土,

　　他喊叫着,摊开双手拍打大腿

　　发出焦虑的呼喊(文学表达为:"他挺身悲叹道"):

　　"噢,我来到了什么部族的土地?"

　　(XIII,194—200)

　　奥德修斯艰难地清点着放在周边的丰富礼品:"样样

---

　　① 《令人不安》(*Das Unheimliche*,1919)G. W.,t. 12,第 231 页及以下各页,B. Féron 译,《异常令人不安与其他散文》(*L'Inquiétante Étrangeté et autres essais*),Paris,Gallimard,《NRF》,1985,第 215 页及以下各页。

俱全,然而他为乡土悲泣,在大海的喧嚣中,沿着海岸线徘徊,悲伤至极"(219—221)。如此贴近,却遥不可及。不在场和迷雾紧密相连:不,故乡本无清晰可言,无法验明自身,不像说到上帝那样,是自明的(index sui)。雅典娜须幻化成英俊少年对他描述家园并为他命名为"伊塔卡"。然后,这位湖蓝色眼睛的女神重又恢复了女人的面相,她必须驱散空气和雾气让他最终看清景物,土地,田地,生长五谷的土地①。他如何确实地辨认出自己的岛屿? 我认为,他认得出,因为他在此被认出,就是说,他在此有自己的身份。

奥德修斯的全部旅程,整部《奥德赛》,都处在寻觅身份和思乡的双重关键点上。独眼巨人的著名插曲,与奥德修斯向他抛出的名字连在一起:"我叫乌蒂斯"("无人"),构成一个明显的关键点。最引人瞩目处是与否定相联的词汇游戏,乌蒂斯和梅蒂斯(outis / mêtis)是希腊语称"无人"的两种表达方式,接近这种情况的是:梅蒂

---

① 这里坚决主张使用的希腊术语是:*ithakês hedos*(景物),le site (344), *khthôn*(土地), le sol(352), *gaiêi*(田地), la terre(354), *zeidôron arouran*(生长五谷的土地),le labour donneur de grain(354)。

斯(mêtis)成为"狡狯"的同音异义词,"狡狯"构成奥德修斯的特征。身份显然构成问题所在,所以属于能指①。然而,回归伊塔卡岛,寻觅身份变为辨认的程序:词汇,能指,专有的和隐喻的词,比专有词汇还要专有的词的重要性,都不断得以检验。

奥德修斯先后几次被人以特别的方式辨认出来。抵达伊塔卡岛之前的一个关键时刻,服务于高贵的出身和与其他所有时机的对位。就是在那一刻,奥德修斯听到自己"奥德修斯"的身份被海妖吟唱出来。他沿着她们的小岛驶过,用蜡封住桨手的耳朵,把自己绑在桅杆上不至于按捺不住心中欲望扑向她们——"错失了归乡"时机。他听到她们说自己是英雄:"来这里吧,光辉的奥德修斯,阿开奥斯人的伟大荣耀"(XII,184s)。此时奥德修斯道,"我只能待在原处"(*empedon autothi*, *mimnô*, XII,161),绑在桅座上,被限制在痛苦的绳索里,水手们奉命还要再绑紧些。这些词句说明当他被认出

---

① 见《欧洲哲学词汇:不可译辞典》"无人"(*Mêtis*)条目,主要看《奥德修斯:"我的名字叫无人"》,(Ulysse:"Mon nom est Personne", première mise en scène de la *mêtis*),第784页。

时,处于何种状态:他"待在原处","扎根于土地"。我暂
时离开《奥德赛》一刻,以说明借助"扎根于土地",神话
的回返要素如何变为概念。须知这几个词(*empedon au-
tothi menei* ,"他待在原处""扎根于土地")在巴门尼德的
诗歌里,即哲学发端的伟大逻各斯理论里,是精确用来
描述人的词汇。这首诗促使他遵循"'存在'(第三人称
est)之路",在有系动词(être)的地方,让思考和话语相互
从属。在这条道路,也是作为语言的希腊语道路的尽
头,动词第三人称"存在"(est)变为主语,在名词化的分
词的形式下,"存在者"(l'étant)如球体的圆,具备了描述
性和再现性。就在人获得自己的名称(*to eon*)和属于他
本人的身份这一刻,准确地说如奥德修斯,"被五花大绑
限制不能动之后(……),他便扎根于土地之中了①"。奥
德修斯在那儿扎根,几经磨难才回到伊塔卡。

他首先被儿子忒勒马科斯认出,儿子在养猪人欧迈

———————

① 巴门尼德(Parménide, VIII, 26—34)重述了《奥德赛》(*Odyssée* ,
XII, 158—164)。这个比喻用在了我的著作《巴门尼德,论自然或存在
者:希腊语,存在的语言吗?》(*Parménide, Sur la nature ou sur l'étant. Le
grec, langue de l'être?*)中, Seuil, 1998,第53—60页。

奥斯家见到这个衣衫褴褛的老者,当雅典娜点施恩惠
(*Kharis*)于其头顶时,他的模样,犹如一尊神。他们轮番
感知对方。忒勒马科斯对他说:"刚才你不过是个衣衫破
烂的老头儿,现在你却宛如神明,天际之主。"(XVI,
199—200,这种内在性一直存在……)。奥德修斯回答:
"你绝不会在此看到另一个奥德修斯了,现在我就是这个
奥德修斯"(XVI,204—205)。首先认出他的是自己的儿
子,这是惊恐不安的辨认,介于认识不足与过头之间。

唯一立即并直接认出奥德修斯的是他的狗阿尔戈
斯,它卧在满是跳蚤的肥料堆上,抬头竖起耳朵,"感受"
到奥德修斯,"认出"了他(*ennoêsen Odussea*,XVII,301)。
"感受","认出",说的是凭借意念(*noein*):同一个动词指
出了神圣的预感:*noêsis noêseos*("思维的意念")。在亚里
士多德的《形而上学》里,嗅觉,*schnouf*,也通向了概念。
阿尔戈斯在肥堆上丧了命。

接下来是奶妈的辨认,给奥德修斯洗脚的时候,她发
现并认出了他在一次抵御野猪攻击时落下的伤疤,至此
我们掌握了悲剧的全部题材:"辨认"[亚里士多德《诗学》
中的"发现"(*anagnôrisis*)],出自一个"标记"或者"印迹"

（*sêma*），它所起的作用一直延续到伏尔泰，我母亲的十字架或刺绣的衣衫。

　　还有最后一次辨认①，而这次辨认举足轻重，因为是其妻珀涅罗珀的辨认。然而这次夫妇之间的辨认本身重新构成了一次历险。由此我们理解了所谓"根深蒂固"想真实表达的内容。首先重新拿标记做押注，那个特别容易"认出"来的外袍扣针，然而奥德修斯还在掩饰真相时，过早认出来，情况只会更糟——于是奥德修斯把真相讲给她听：他照例从撒谎开始，把自己介绍成另一个人，他让珀涅罗珀相信自己不是奥德修斯，自己只是遇到过他（"他谎言连篇，说得如真事一般"，XIX，204）。珀涅罗珀则告诉奥德修斯自己梦见他在梦里安慰她，他会变成雄鹰，杀死那些鹅——求婚者，他还向她保证说这"不是梦而是现实的景象②"。他们

---

　　① 不如说是倒数第二次辨认。"最后一局牌"事实是对自己父亲拉埃尔特斯（Laërte）的辨认，父亲是奥德修斯最后一个去见的人，他在花园见到的父亲和自家的狗一样脏兮兮的。辨认的确切标记是 13 棵梨树，10 棵苹果树，40 棵无花果树和父亲曾经给年幼的奥德修斯的可采摘的葡萄植株。

　　② *Oukh onar all'hupar*，XIX，547。

像陌生人一样去就寝,她哭泣着,还在梦想奥德修斯睡在自己身边,梦想这不是梦而是现实(XX,90)。

现在来看弓的场景。奥德修斯在忒勒马科斯和两个忠臣的协助下杀死了所有求婚者,绞死了不忠的女仆。我阅读了这些充满喧嚣和愤怒的场景。他终于能够以"奥德修斯"的形象出现在所有人眼中了。所有人,但不包括珀涅罗珀。他们二人还陷在诡诈和真实的重重谍影里。

忠实的奴仆拥抱了奥德修斯,奶妈唤醒了被雅典娜催眠的珀涅罗珀:"奥德修斯到家了,尽管远离多日"(XXIII,7)。"他就在厅里,那个外乡人,就是他!"(26—27)聪慧无比的珀涅罗珀回应说她疯了。然而她信任她,从床铺一跃而起,快乐地流下眼泪,但是她下结论道,尽管如此,"奥德修斯远离阿开亚,错失返家时机,他已经死去"(68)。没有什么比这个不相认更为冷酷的了。她跑去坐在他对面,却像女人们所做的那样,低垂眼帘斜视后方,不对他加以辨认,不如说她一言不发,"颇为震动①",

---

① 在坟墓般的僵木(taphos,93)和突然震撼珀涅罗珀(tethêpen,105)之间,我们听到了反响。

却满心"僵木"犹如坟墓,无法向他提问也不能直视他。忒勒马科斯气恼道:"母亲","冷酷的母亲","硬心肠的妇人"。这个似是而非的他,20年后破衣烂衫:如果就是奥德修斯,"真是那个奥德修斯回到家了"(107—108)。

"然而心胸伟大的奥德修斯回到了家里"①(153)。他发布狡猾的命令,以防止屠杀的恶果和家族复仇。之后,他洗浴,涂抹橄榄油,披上罩袍,双肩上散发出优雅,走出浴室,像不死的神明,重新坐上自己的座椅。她却铁石心肠,冷酷无比,一言未发。

本意上的扎根

由于珀涅罗珀的相认,奥德修斯终于回到家园,来到忠妻身边。奥德修斯的身份关联到另一个引发隐喻的辨认标记,这个标记描述了"扎根"的过程。以下是详细的经过:

年迈的女管家欧律诺墨在屋里给勇敢的奥德修

---

① 此处引文与原文不符。——译注

斯沐完浴,抹完橄榄油,再给他穿上精美的衬衫,披上罩袍,雅典娜在他头上撒下浓重的光彩……奥德修斯走出浴室,容貌像不死的神明,他回到刚才坐过的宽椅前重新坐定,面对自己的妻子,对他开言这样说:"怪人啊,居住在奥林波斯山上的天神们给了你一颗比任何女人更残忍的心。……老奶妈,给我铺床,我要独自安寝,这个女人的胸中是一颗铁样的心。"

审慎的珀涅罗珀这时回答他这样说:"怪人啊,不要以为我高傲自负蔑视你,我也没有惊惶失措,我清楚地记得你乘坐长桨船离开伊塔卡是什么模样,欧律克勒娅,去给他铺好结实的卧床,铺在他亲自建造的精美的婚房外面。把那张坚固的婚床移过来,备齐铺盖,铺上厚实的羊皮、毛毯和闪光的褥垫。"

她这样说是考验丈夫,奥德修斯一听,不由得气愤,立即对忠实的妻子大声说:"夫人啊,你刚才一席话真令我伤心。谁搬动了我的那张卧床?不可能有人能把它移动,除非是神明亲自降临……因为精造的床里藏有结实的机关,由我制造,非他人手工。院里生长过一棵叶片细长的橄榄树,高大而繁茂,粗壮的树身犹如立柱。围着那棵橄榄树,我筑墙盖起卧室,用磨光的石块围砌,精巧地盖上屋顶,安好两扇坚固的房门,合缝严密。然后截去那棵叶片细长的橄榄树的婆娑枝叶,再从近根部修整树干,用铜刃仔细修削,按照平直的墨线,做成床柱……穿上牛皮条绷紧,闪烁着紫色的光辉。这就是我做成的标记,夫人啊,那张床现在仍然固定在原处,或者是有人砍断橄榄树,把它移动了地方?"(XXIII,153—204)

"植根在那里",结结实实地扎根于土地,*empedon*,正如奥德修斯面对海妖和巴门尼德的"存在者"(l'étant)。扎根,并非隐喻,它首先是照树干的形状打凿成双人婚床扎下根来,就是要造床共枕,扎扎实实植根于自家的土壤中。我们由此得知怎样才算在自己家了。珀涅罗珀于是身心放松,认出了"记号"(*sêmata*),那些辨别记号,像橄榄树里的床一样"深深扎下了根"(*empeda*),证明这就是奥德修斯了。她泪流满面,扑向他,搂住他的脖子,热烈亲吻他的脸道:"不,靠着我,奥德修斯,别生气,不管怎样你

都最明白人间事理!"(XXIII,209s)

20 年后,他需要,对她来说也一样,需要策略和智慧 (*periphrôn*:她多方观察和思考),对丈夫施展这样的考验 (181),行使聪慧而有距离的报复——他呢,不断对她撒谎,让她期待,把自己扮成他人,他必须随时保证复仇,首先是信不过她,归家后第一个夜晚就有意疏远她,看到她哭泣、产生幻觉、感觉丈夫就在自己身边时,没有冲上去将她拥入怀中。她与他共享怀疑、矜持和狡猾,还同时分享了根深蒂固的象征性标记。

爱情"扎根"(*empedon*),无可动摇。奥德修斯在卡吕普索家抱怨过:"我在那里淹留七年"(*empedon*, VII, 259)。*Empedon* 也指绳索的作用,戴绿帽的赫菲斯托斯曾让阿瑞斯和阿佛洛狄特陷入绝境:"他打铸了扯不破打不开的罗网,好当场捉住他们"(*empedon authi menoien*, VIII,275)。然而"扎根",这次却毫无隐喻,它首先是双人卧榻,结合了自然和文化,栽下的橄榄树和奥德修斯的 *tekhnê*,他身为一家之主有创意的"技艺和本领"。正是这些,这个唯一持有人的自然和文化,让人认出了这个自家人。"扎根":一个隐喻思乡的专有词汇,在奥德赛的

40

muthos,"神话故事"的专有词汇中,被认为是最佳和最糟的概念。

于是出现了最为温柔的被称作爱情相互性的一幕:遭难的奥德修斯回到家里,对珀涅罗珀来说,其温柔的目光如同海难者看到了陆地,既受欢迎又可亲近①;她雪白的臂膀不可能再离开他的头颈了。

铲 与 桨

时间颠倒了:擒住黑夜吧

眼下与时间共同发生的都是古怪的事情。

奥德修斯有家不归并未终结。"奥德修斯这个幸运儿经历了美好旅程……,身经百战、睿智无比的他回到家里,在亲人们中间度过了余生②",没有什么能比杜贝莱的遗憾更缺乏荷马风格的了。首先奥德修斯的旅

---

① *Aspasios gê nêkhomenoisi*,233,被贝拉尔删除……事实是在习惯上,女人代表了祖国,如海德格尔(Elfriede Heidegger)所言:"你在别的女人那里寻找一个'祖国'——哎,马尔丹呀——我变成什么了?"(《我的小心肝》[*Ma chère petite âme*],Paris,Seuil,2007,第406页)

② Du Belly,《遗憾》(*Les Regrets*),31。

程不是或者不仅仅是一次美好的旅程;尤其是主人公一回家,就必须再次出发,人们不知晓或者忘记了这一点。《奥德赛》的故事并未结束,或曰,史诗结束了,旅程却尚未终结。当奥德修斯返回家园时,他并未回家,他深知这一点。在进到房间上床之前,他对重逢的妻子说,还有一个考验等着她:他必须在第二天,如忒瑞西阿斯在地狱知会他的那样,到更远的极端陌生的地方去。

可是那晚在等待次日来临的时候,"尚未"(pas encore)的第一个效应就是时间被有意延长了:雅典娜制止了奥克阿诺斯岸边黎明女神的降临,不让她套上自己的两匹快马,延续了笼罩大地的夜晚;仁慈的神仙为有情人擒住了黑夜。他们享受欢爱,叙说别情,享受夜晚,愉快交谈直至困倦(XXIII,300—301)。这是有限性中的无穷无尽,是对爱情的最佳描述。

一瞬间形成满足、形成永恒,已经足以阻止痛苦。波尔赞热(Bolzinger)作为瑞士医生的代言人提出了一个临床的感伤问题:"为什么短促的往返以得到家庭的关爱就挽救了精神颓废濒临死亡的人? 回家的治疗效果,经过

200年的医学诊断,从未在原则上得到解析①";他还提到那些士兵的病例,他们只要站在对面的高坡,从高处望到自己的村庄,甚至望望农田里的牛群,就会满足! 超脱时间的一瞬,形成时日的契机(kairos),一个切口或者一次特例,也许除此之外,再也没有其他时机能够与"所有"时间和缺失的漫长时间相竞争。神学总是深谙此情:瞬间/永恒……

何处为他乡?

欧律诺墨给他们整好房间后回来,手持火把给他们开道。她把他们带到房间,然后返回,把他们留下,欣喜中重新回到往日自己的床榻,她自己也回房休息②。

这就是惊险之旅的结局以及完成的事情——照以往

---

① 《乡愁的历史》,前揭,第16—17页。
② *Hoi men epeita aspasioi lektroio palaiou thesmon hikonto*,依原文译为"在原来的床榻上,他们获得了权利,幸福"(XXIII,293—296)

的批评,这是奥德修斯的目的(*le telos Oduseias*)。《奥德赛》这部史诗就此结束。然而返乡的惊险游历并未就此结束。再次出发宣告我们所熟悉的长诗《奥德赛》已经结束,然而另一个还要漫长的惊险之旅才刚开始。回家的奥德修斯尚未返家,这个"尚未"在我看来,正是思乡的时日。

尚未,然而到何时?

要让奥德修斯待在那里,最终留在**那里**,就必须让他好好服役(*ponos*),要劳作要忍受痛苦,与和兵器打交道相比,劳累是另类的战斗,"繁多而艰辛"(250)。这类考验的性质,从本来的词义上说,是具有特殊象征性的力量,和扎根的床榻一样,作为对称物,也不大具备隐喻作用。

奥德修斯必须(在饮毕黑血之后,进入不见阳光的地狱,待在无能为力的黑暗中间,预言家知会他这一点[①]),必须拿着一把磨光的船桨,经过城市,直至抵达不知海

① XI,121—137,奥德修斯在这里让忒瑞西阿斯直接说话;在 XXIII,267—284 里,是在奥德修斯对珀涅罗珀说话的时候。

洋,不懂食物放盐,不识涂沫了枣红颜色的船,也不识船桨是船翼的人家。他说,容易辨认的记号应该是"另有一位行路人与我相遇,询问我强健的肩头上扛的是什么粮铲"(XXIII,273—275)。

因而真该重新出发到世界的另一端,远离惊险之旅和地中海,到不知大海、不晓希腊荣光以致视船桨为粮铲的人那里去,通过自己的文化同化他们所未知的,或如今人所云,将怪异性和相异性"加以整合"。我发现这句话可谓绝句:"你强健的肩头上扛的是什么粮铲?"它以极度误解和十分温柔的语气说出了遥远处的最遥远的东西。唯有构成本意和陌生之间关系的误解——船桨/粮铲——才是他乡的标志和牢固的符号。互补的两个忠告如下:不归结于同一就无法领会相异性,不意识到产生相似性的失误就无对他乡的可靠性可言。

于是只有在那一天,奥德修斯才须"将船桨插入土地",备以替代鳟鱼的东西,向波塞冬供奉公牛、公羊、公猪等精美的祭品。波塞冬,这位海神,不再憎恨他,尽管他冒犯并弄瞎了海神的儿子独眼巨人。辽阔的土地,大陆的核心而非岛屿的边缘，都在离大海最遥远的地方。于是，大海被置于这片土地的深凹处，扎根并留下痕迹。波塞冬占据了陆地周边，受到尊敬，甚至无人知晓他的尊姓大名。大家明白，他会知足。

只有奥德修斯可以返家（*oikade*，XXIII，279）。他向所有永生的神灵提供系列百牲大祭并曰："海上（*ex halos*）之亡轻轻降至吾身，将灭吾丰裕之老年岁月，吾周边人民将幸运无比"，最终，"余生在至亲之间度过"，无论怎样，要寿终于自家。然而我引用的希腊语文字，在此确为模棱两可：*ex halos* 是否为"海上"之亡，无大海介入，远非海难？抑或正是（贝拉尔择选之说法）"来自大海"之逝，异常平静，因为是来自那里的死亡？批评令人担忧或总是相互博弈。

我们也可以从那里重新出发。在家，*oikade*，漂泊不定的大海把他让给了床榻扎根的土地。然而继《奥德赛》之后那些抵达"他乡"的传奇游历，我们甚至无法想象要用多少时间。难道从不会有如此根深、遥远、另类的他乡，以致从未见过或想象过船桨；即使不是三层桨战船，至少也有河船吗？就"船翼"而言，谁

46

未见过飞鸟，又有谁未见过水呢？可能是为了高兴，"尚未"被不确定地延伸了。我们这些男男女女们都未曾知晓吧？

思乡缘何最终成为乡愁？思念本土还是他乡？若瑞士人偶或乐于瞭望自家的村落或母牛就会欣然再度出发，大约因为乡愁有两个方面：扎根与漂泊。兹默曼（Zimmermann），哈勒在哥廷根最宠爱的学生，曾为狄德罗和达朗贝尔的《百科全书》补充部分撰写词条《乡愁》（前一版只有杜博神父的一篇条文《艾莫维》[*Hemvé*]），他拒绝了俄国卡特琳娜的提议，留在布鲁格的家中。然而他却在此体验到某些东西，如对他乡的思念，因为他在《经验论》中写道："每一个瑞士人都像我一样感受到在另一个名称之下的故乡之痛，而当他想到身处异乡生活更为自在时①，却已经生活在自己的故乡了。"于是他们为他在 *planê* 的基础上创建了"planalegie"（名词漂泊l'errance），在 *planaomai* 的基础上，创建了"errer"（动词：

---

① III, 266, 波尔赞热（Bolzinger）引，前揭，第 59 页，这里警示我们关于他的情况是"平衡人在外地想回家和回到家后又想去外地的矛盾，这是藏书逻辑的抽象成果"（第 213 页）。

漂泊),犹如"行星",《奥德赛》的这另一特色词汇,说明了奥德修斯在海上另一面的特征,凡人一般犹如巴门尼德所见[1]:痛苦的愿望不是返乡而是漂泊——平庸无奇,需要空气并渴望摆脱……然而当兹默曼决定远离自己的学识受到压抑的乡间,出发去英格兰宫廷时,他很快因乡愁而死,如同曾经陪伴他的妻女。德语知道应称此为:"乡愁"(Heimweh),还有"远愁"(Fernweh),卡律布迪斯和斯库拉的威胁犹在[2]。

也许被中世纪研究家鲁迪·因巴赫(Rüdi Imbach)仔细研究过的但丁最了解那个奥德修斯。因巴赫首先引用了列维纳斯的说法,照此人之见,奥德修斯是"同一人的形而上的象征,其实质是回归本源"。因此,列维纳斯继续道,"在奥德修斯返回伊塔卡的神话里,我们乐于反对亚伯拉罕的故事:他永远离开了

---

[1] 巴门尼德,VI,v. 5 et 6:"路上游荡着(plattontai)一无所知的双头必死鬼;无计可施让他们向着自己心中飘忽不定的想法(plagkton noon)径直奔跑",《巴门尼德》,前揭,第81页。

[2] 卡律布迪斯和斯库拉(Charybde et Scylla)是古希腊神话中的魔怪和女妖,常化作大漩涡和怪兽,吞噬过往的航海人,使其处于两面受敌的险境,后被德国语言学家用来喻指翻译家在直译和意译之间抉择之艰难,广义为二者之间抉择艰难。——译注

祖国,到了一片还很陌生的土地,并且禁止仆人把自己的儿子带回那个出发地①"。无论是乡愁还是被允许进入的土地——都让我们暂时忘记对被允许进入土地的乡愁。然而,但丁认为,奥德修斯就在地狱。可对新柏拉图学派而言,奥德修斯是返回本源的精神形象,"但丁颠覆了这一象征:奥德修斯就是**不再期盼返乡的移民**"。"他因而变成辨认的象征:探索的只是寻求和开发",无边无际,超越了赫拉克勒斯的擎天柱②。但丁将他打入地狱,因为他有别于埃涅阿斯,他不尊重人类理智的局限,让位于信仰,以致会瞬间遭难。对于那些不一定相信信仰仍旧拥有位置的人而言,奥德修斯作为一个重新出发、不可能在他乡扎根又不想返乡的移民,可能更似奥德修斯而不像那个返回自己宫殿、充当圣贤国王、慈父和好丈夫的奥德修斯。足

---

① E. Levinas,《与胡塞尔和海德格尔一起发现存在》(*En découvrant l'existence avec Hussel et Heidegger*, Paris, Vrin, 1967, 第 191 页),被因巴赫(R. Imbach)在《但丁,哲学与在俗教徒》(*Dante, la philosophie et les laïcs*, Fribourg, Éditions universitaires; Paris, Cerf, 1996, 第 215—245 页,此处为第 216 页,后为第 234 页)一书中引用。

② 指直布罗陀海峡两岸的两座山。——译注

智多谋(*polutropos*)的奥德修斯,在不停地不止一次地创造自己的生活,不会轻易成为居家男,就地坚守自己的位置。

何时算在自家?奥德修斯何时在自家?何时待在了家(*oikade*)?是杀死了求婚者和不忠的仆人,分别被忒勒马科斯、狗阿尔戈斯、牧猪人欧迈俄斯、奶妈欧律克勒亚、衷心的仆人、珀涅罗珀、拉尔特和伊塔卡岛上的所有人认出来的那三天时间吗?是与珀涅罗珀度过了漫漫长夜的三天吗?与漂泊相比如此短暂的一段时日,就是20年里在家的这三天吗?

或者当他重新出发直至……直至他抵达一个待下来的地方,那些决定他最好和最差状况的大海,海上的暴风雨,海妖,海难,轻舟,岛屿,这难道是彻底陌生的地方吗?那么,这是不是可以说他四海为家,是留在了不可能留下的外地吗?他的家,是地中海。他的身份,他"自己"和他"自己家"都延伸到了陌生世界的边缘。

双重乡愁

我们要借助哲学的两个表述,两个德语词思乡

(*Heimweh*)和思念(*Sehnsucht*),另外议一议乡愁的内在张力,整个哲学史最终从未停止过这方面的研究①。

一方面,思乡(*Heimweh*)作为返乡之愿,是环状闭锁的,形如乔治·德·基里科画中的奥德修斯,他在房间的水洼里划桨,《家,美好之家》(*home sweet home*)——这是创作于1968年的一幅精彩油画。房间,可能是旅店的房间,配有一个黑色大衣橱、一张安乐椅和一把厨房座椅,墙壁上挂着基里科的一幅画有雕塑的油画,对面有一扇玻璃,更像是面对希腊庙宇的一扇窗。房间正中的海是一块厚实的蓝色卷边小地毯,年轻的奥德修斯一人坐在平底船里,认真地划船。然而门开着!——这有利于周期循环,有利于转圈和克洛诺斯(Khronos)的时间循环。我一定会给你几个相关标示。这种哲学的循环观念,如同"反复"("re-"),就新柏拉图学派而言,首先会转换调式幸福地回到原点,其对《奥德赛》的基督教诠释,如基督钉

---

① 我以自己的方式将弗拉基米尔·扬科列维奇(Vladimir Jankélévitch)(著有《不可逆性和思乡》[*L'Irréversible et la Nostalgie*],Paris, Flammarion, coll. «Champs», 1974)与波尔赞热、因巴赫混在了一起。

奥德修斯回家,基里科,1968

在十字架上一样,以奥德修斯捆绑在桅杆上,形成了精神形象①。在现代,这个观念通过黑格尔的密涅瓦的猫头鹰,在一圈又一圈的反复思考中,在尼采实施的嬗变中,

① "朝我们深爱的祖国逃跑吧——这是最真实的忠告。我们处在奥德修斯的环境……我们的祖国是我们来的地方,那里就是父亲。然而谁才可能是我们的《奥德赛》呢……?" [Plotin,《九章集》(*Ennéades*) I,6,8,Pietro Pucci 引用,《足智多谋的奥德修斯:〈伊利亚特〉和〈奥德赛〉的互文性阅读》(*Ulysse polutropos. Lecture intertextuelle de l'Iliade et de l'Odyssée, Villeneuve d'Ascq*), Presses universitaires du Septentrion, 1995, p. 181]。都灵的格言这样说:"如果寓言提到这个奥德修斯时说把他捆绑在杆子上让他躲过了灾难,我们还有多少需要宣布的真正发生了的事情啊,就是说,当今的十字架从死亡灾难中拯救了整个人类" (*Sermo XXXVII*,1,cité par R. Imbach, 前揭,p. 227)。因巴赫为了介绍新柏拉图主义,恰当地把问题提交给了拜尔瓦尔特斯(W. Beierwaltes, *Denken des Einen. Studien zur neoplatonischen philosophie und ihrer Wirkungsgeschichte*, Francfort, Klostermann, 1985)。

52

运用同一性的永恒返回,通过权力意志,都得以完好破译。奥德修斯,"经历了所有的长途跋涉,只是朝自己故乡的岛屿进发①":奥德修斯的理想是珀涅罗珀,那个忠贞的居家之人,为了拖延求婚者的时间,她把布匹拆毁重织。

另一方面:思念(*Sehnsucht*)就公开的乡愁而言,绝不会返回自身;无限又无法确定的线性永恒纪元(*aiôn*)无法被视为同一,也无法数字化,它在流逝却永无休止。哲学和愿望一样,既是浪漫主义的又是拉康学派的,追随的是不定的目标或不可见的理想:渴望(*das Sehnen*)被费希特命名为对**自我**的渴望,倾向、需求、痛苦、空虚,"寻求自我满足,并不指向出发点②"。我们可以由此追踪到拉康,朝向他的不可见和无处不在的"a 目标",那个渴望之动机。奥德修斯是冒险家、游历者、世界公民,直至边缘,

---

① E. Levinas,前揭,第 188 页。

② *Sehnen*、*Trieb*、*Bedürfnis*、*Unbehagen*、*Leere* 都是《科学原理》(*Doctrine de la science* 1794—1797)中的术语,巴伐利亚科学院全集,Reinhard,Stuttgart-Bad Cannstadt,Frommann-Holzboog 编,1962,t. I/2,第 430 页及以下(《初期哲学作品选》[*Œuvres choisies de philosophie première*] A. Philonenko 译,Paris,Vrin,1990,第三版,第 161 页及以下各页)。C. Helmreich,"渴望,欲望"(*Sehnsucht*、*Sehnen*)词条,见《欧洲哲学词汇》,前揭,第 1122—1125 页。

处处为家，无处不为家。

维持在生活的智慧或哲学的智慧中的对立也许极为简单。如同波浪和微粒，这是两种看谁能从一个穿越到另一个里面的方式。每一位哲人和旅人都在尽力偷光赌注。无论怎样，在奥德修斯身上，所有模式都乱作一团，从中世纪的基督徒到但丁，从斯多葛派到霍克海姆和阿多诺①，所有的诠释和反复诠释都不错。他既是世界的英雄，也是在寻找自我身份的庸俗个体。两位奥德修斯合为一体，不如说乡愁已经具备了双重警觉，正如京特·安德斯(Günther Anders)清楚描述的："奥德修斯住在卡吕普索那里时，必须加倍警惕。他不该只关注把伊塔卡保留在心里，还应该留心不要丧失漂泊不定的幻觉②。"乡愁也在足智多谋中变得诡异而多变。

———————

① Horkheimer et Adorno，《启蒙辩证法》(*La Dialectique de la Raison*)，法文版，Paris，Gallimard，1974，第58—61页。参阅 Barbara Cassin，《诡辩的效应》(*L'Effet sophistique*)，Paris，Gallimard，1995，第38—40页。

② Günther Anders，《流亡和返乡日记》(*Journaux de l'exil et du retour*)，"再见与遗忘"(Revoir et oublier)，I. Kalinowski 译，Paris，Fage éditions，2012，第129页。

3

埃涅阿斯：从乡愁到漂泊

所有人成为拉丁人之后,只会拥有一种语言了。

——维吉尔,《埃涅阿斯纪》①

背负着祖国

未来之乡愁:重审和联系

乡愁是围绕着扎根和拔根而展开的。

当拔根造成返家无望时,中心形象便转变为漂泊者形象。奥德修斯变成了埃涅阿斯,被希腊人赶出烽火连天的特洛伊,由维吉尔而不是荷马描述了他的漂泊浪迹。

---

① 埃涅阿斯是古罗马神话里的神,出现在荷马史诗《伊利亚特》中。维吉尔的《埃涅阿斯纪》将他描绘成英雄,讲述了他从特洛伊出逃后建立罗马城的故事。——译注

回家的愿望不存在了或不再有时(因凡人皆知,无论命运如何安排,最好改变愿望而不是改变世界秩序),乡愁变为移民的乡愁,它另外扎根——或者,也许采取了别样的形式而不是扎根……从乡愁到漂泊,从史诗到其他题材,目标(*telos*)不再是返乡和家舍(*oikade*),而是创建,罗马,奥古斯都的罗马。《埃涅阿斯纪》讲述的是一次由特洛伊人埃涅阿斯完成的,直达拉丁姆的漫长、布满爱情和埋伏的航行,他要在那里建起一座城市拉维尼乌姆,若无此城兴起,罗马是难以想象的。然而维吉尔在写这部作品时,罗马城已经存在,不仅建成而且十分强大,以至于那时已经不是穿越变化多端的现实延伸到未来的过去时光,而是形似先将来时[①]的某些东西。当然,过往的记忆存在于现时直至苟延残喘,因而《埃涅阿斯纪》最著名又如此温柔的诗句是: *Et dulcis moriens reminisceitur Argos*(*X*,702),它似乎在许多关于乡愁的医学论文里占据了优势[②]。他临死还仰望苍天,"想念着美丽的阿尔戈斯",维

---

① 先将来时是法语中的一个时态,主要用来表示某个在另一个将来的动作之前完成的动作。——译注

② Bolzinger,前揭,第 261 页。

吉尔就是这样描述赫拉克勒斯的随从安托尔（Antorès）之死的。安托尔从阿尔戈斯出发，依附于艾文德尔（Évandre），在意大利定居，在针对埃涅阿斯的攻击中被刺死。然而对未来的奇特记忆也同时形成了：怀念过去，被毁的和现时的特洛伊都在记忆里，掺杂在对罗马的思念里，这表明即将到来的记忆已经存在。思乡于是被书写成先将来时，那可能是全面创建的时候，虽然这些建设可能向来都是重建。总之，问题关系到真实所具备的倒退力量，真实犹如过去时的随行动词，**通过人为叙述历史和故事**构建了历史；因为史学家在书写历史时，是从他们对现实的认知出发，依据自己的展望和目标，让某些过去留存下来的。

Ex-silio 或 *exilio*，是 *ex-salto* 之意：向空中跳跃，冲出，蹦跳，狂喜，到了欣喜若狂的地步，而 *exsilium* 或 *exsulium*，则是流亡、驱逐之意，*exsul patrioe*，被祖国放逐之意，*exsul mentis* 意为被剥夺了理智，这个词源回到 *ex-solum*，意为在陆地之外。

走出陆地，从陆地到陆地却不能扎下根来，维吉尔这样刻画埃涅阿斯。从《奥德赛》到《埃涅阿斯纪》，作家更换了"关键词",以便说出探索原动力的、评估的语言。一个说的是漂泊和回家（《奥德赛》，I，1—2 和 9），另一个说的是逃跑和流亡（《埃涅阿斯纪》，I，1—2，II，639）。与奥德修斯将妻儿父母留在岛上不同的是，埃涅阿斯逃亡时背负着祖国。在本义上：特洛伊失守当夜，埃涅阿斯万念俱灰，他在宽肩和前倾的脖颈上垫了一块浅褐色的狮皮，背上父亲安奇塞斯，并要求父亲手持"圣物和家神"（II，720—723 和 717）。小儿子尤路斯尾随其后；其妻则失散而亡。

为信奉异教的新形式做出贡献的是虔诚。奥德修斯是"神样的奥德修斯"（*dios Odusseus*），处在危机四伏的美轮美奂的世界里。埃涅阿斯是"虔诚的埃涅阿斯"（*pius Æneas*），用虔诚和宗教的纽带与祖国联系在一起。虔诚（*pietas*）是古罗马极为优秀的品德，西塞罗言之曰，"准备着为拥有以下几方面的人履行义务"：祖国、亲人和神灵①。

① 《论创造力》（*De inventione*），II，66 和《论神性》（*De natura deo-rum*），I，41；见《欧洲哲学词汇》（le *Vocabulaire européen*，前揭）中克罗（B. Collot）的"虔诚"（Pietas）和奥维莱-阿塞亚（C. Auvray-Assayas）的"宗教"（Religio）词条。

说到宗教(*religio*),有两个相互竞争的词源,两者都很清晰:*relegere* 与 *legere* 相关,意为"收集,集结",甚至有"重新审视"(relire)之意,以说明与迷信对比建立起来的应遵守的教规,它结合了宗教礼仪实践和对其的理解——这是西塞罗提供的词源①;*religere* 与 *ligare* 相关,意为"连接",根据拉克坦斯(Lactance)和德尔图良(Tertullien)的观点,是为了说明与虔诚的既合法又讲道德的关系,通过这层关系,我们与神和建构我们的世界"维系"在了一起。在上游和下游都被束缚着的埃涅阿斯,当然是遵守这些关系的人,也只有这种虔诚使他有能力将特洛伊与罗马联系在一起,重新审视特洛伊以创建罗马。

在流亡过程中,唯一可以肯定的是不应该有第二个特洛伊:不是照同样的特洛伊去复制,而是另外建造。埃涅阿斯的流亡甚至强调了特洛伊未成气候的多灾多难,

---

① "仔细检查和在某些方面收集所有与神灵信仰相关事物的人被称作修士(religiosi),来自 relegere 这个词"(西塞罗,《论神性》,II,28,72);"就是有了这个虔诚的联系(hoc vinculo pietatis),我们被束缚并捆绑(religati)在神灵那里"(Lactance,《神的制度》[*Institutions divines*],IV,28,3)。见 É. Benveniste,《印欧制度词典》(Le *Vocabulaire des institutions indo-européennes*),Paris,Minuit,1969,II,第 267—273 页。

逼迫他不停地赶路。在色雷斯,埃涅阿斯想用自己的名字命名,建立"埃涅阿德城"①,然而树木开始流血,他必须再出发。在克里特,他用近乎特洛伊的名字建造佩尔噶蒙(III,133),可是突发瘟疫,家神现身,命他直驱"西土",即意大利。在卡俄尼亚,埃涅阿斯身陷安德洛玛刻建造的小特洛伊。皮鲁斯抛弃安德洛玛刻后将她送给阿喀琉斯之子普里亚米德·赫勒努斯:"赫勒努斯用特洛伊人卡翁的名字命名卡俄尼亚地区,并在山脊上建造起佩尔噶蒙②";然而这种完全为了取胜的结合,只是可笑的仿制品:"我一路走着,认出了一个微小的特洛伊,一座仿照雄伟的佩尔噶蒙建造的城堡,一条干涸的小溪也叫赞土斯,我到西门,拥吻了门柱"(III,349—352)。

特洛伊沦陷七年后,因为长时间的漂泊不定,风把他们带到了西西里的阿刻斯特斯那里,安奇塞斯一年前在此亡故。为了表示对父亲的敬意,他安排了周年祭父活动,但是特洛伊的女人们再也不想干了,她们"厌倦海上

---

① *Æneadasque meo nomen de nomine fingo*, III, 18.

② *Pergamaque Iliacamque iugis hanc addidit arcem*, III, 336.

的奔波,恳求定居城市"(V,617)——"我们在大海上追逐一个难以捕捉的意大利,我们在浪尖上漂泊①。"她们失望已极,精疲力竭,焚烧了船只。*Miseroe ciues*,"可怜的妇女",埃涅阿斯叹道。奇迹助人,埃涅阿斯请求阿刻斯特斯让他们建立一座城市以便把海上的妇女和疲倦的老人留于此地。他用耕犁划出城界:"他下令称此地为伊利乌姆,那些区域叫特洛伊②",城市呢,就称之为阿刻斯塔。永远不会有第二个特洛伊,但是会有一个为疲惫的特洛伊妇女建造的阿刻斯塔。因为在流亡演变成移民,在通过杂交重建城市以前,确实是**没有**妇女的。埃涅阿斯重新出发,把所有妇女都留在了身后。史诗写了一个又一个女人:奥德修斯全都离开了她们或者拒绝了她们(卡吕普索,瑙西卡),只为了找到自己的女人,而埃涅阿斯离开她们或者任她们自杀(如狄多)却为了找到自己应得的和尚不相识的女人。

在文本和叙述中,一切都处于修辞的交错配列法中,

---

① 拉丁语如此美妙:*dum per mare magnum Italiam sequimur fugientem et uoluimur undis*,628—629。

② *Hoc Ilium et hoec loca Troiam esse jubet*(V,756—757).

63

一种扭曲的表达全面得以论证[①]。并不是说这里不涉及再造特洛伊的问题,不该复制《伊利亚特》和《奥德赛》,而是应该全面彻底地重新创造——这种类型的"模仿"的存在可准确称作文化。朱诺的妒忌替代了波塞冬的愤怒,维纳斯的保护替代了雅典娜,朱庇特的公正犹如宙斯的重大计划,埃涅阿斯在迦太基树林里朱诺神庙的壁画上看到特洛伊战争的场景和自己的身影时流下的眼泪替代了在奥德修斯听到行吟诗人在淮阿喀亚人的宴会上吟唱自己的不幸时流下的泪水。一幅"没有生命的图画[②]",把希腊英雄的荣耀变为了罗马建筑(le kleos en monumentum)。

返回上游

真正的区别在结尾旅行的目的(telos)中。奥德修斯在家却还没有真正回家,因为他必须立即再出发去另外能生根的地方,而埃涅阿斯呢,当他抵达这个陌生的场所

---

① 我不断依据弗洛朗斯·杜蓬(Florence Dupont)的精彩著作:《罗马,无源之城》(*Rome, la ville sans origine*, Paris, Gallimard, 2011)。

② *Pictura inani*, I, 464.

意大利时,已经回到了自己的本根:

> 我是虔诚的埃涅阿斯,从敌人那里夺回了家神
>
> 随身带到船上,我名扬天外。
>
> 我在寻找意大利我的祖国,我的祖先出自至高
>
> 无上的朱庇特①。

这次被迫的狂热流亡只可能是一种回家的方式。流亡是返回本源,因为这个本源并不像人们所认为的那样。弗里吉亚家神,父辈和祖国的神灵,存留在绝对准确的梦想中:

> 那是一个希腊人称为西土的地方,一片武力强
>
> 盛、领地富饶的古老土地。
>
> 欧诺特人在那里居住过。传说如今他们的后代
>
> 用他们国王的名称,称之为意大利。
>
> 那是适合我们的住处,那里诞生了达达努斯

---

① I,378—380。我采纳并修改了安德烈·贝莱索尔(André Bellesort)的译文(Paris,Les Belles Lettres,1961)。

还有雅修斯,他们都算是我们的老祖宗①。

　　因此意大利人达达努斯本该创建特洛伊式的达达努斯城,来自特洛伊的这个埃涅阿斯,现在因为流亡来到了源本的家园:西土/意大利,说明了这两个观点。然而,作为外乡人,*externus*②,埃涅阿斯实现了国王拉提努斯之父法乌努斯的预言。拉提努斯更愿意让埃涅阿斯而不是图尔努斯作他的女婿。在一定要嫁给外乡人这个问题上,请读者原谅,情况很复杂,阿玛塔作为拉提努斯的老婆,新娘的母亲,却认为,作为一个独立国家之王,图尔努斯也是外乡人,再说他的祖先来自迈锡尼③。是的,《埃涅阿斯纪》的故事难以继续:我们对它了解得不够,它在重提《奥德赛》难题的同时,又复制了它们。然而复杂的是,深邃、剧烈和决定性的理由形成了罗马人的特质和荣耀。

----

① III,163—168。

② VII,68。预言者写道:"我们眼见来了一位外国人(externus)",预言确认道:"不要幻想你的女儿会有一个拉丁人的婚姻……会有一位女婿从外国来,他掺合着我们的血液,会把我们的名字带入天国"(*externi venient generi qui sanguine nostrum...*,95—99)。

③ VII,368—372,被漂亮地称作"阿玛塔诡辩派"。

从里到外,这个流亡的创建者,却是源于此地的外乡人!
再则,大家也都清楚这位邻居来自何方……人们根据瑞
士人的乡愁试探他,探索起源是这类手法的常见习惯;它
想要说明某些根源和种族,它为此不断在此和现在,作为
一个必要的观点揭示自己,定位一种观念,或另外树立一
种观念。因而,我们阅读希罗多德的时候了解到,佩拉斯
吉人——或雅典娜的臣民佩拉斯吉人——讲的不是希腊
语而是一种蛮语,以至于这种野蛮值得重视。当我们阅
读哈利卡尔那索斯的德尼斯①的著作时,明白了罗马人
是希腊移民,讲的是混合语,既不全是蛮语也不全是希腊
语②……起源可以在所有框架里发挥作用。

说他者的语言

变为拉丁语?

然而在《埃涅阿斯纪》和创建罗马的最终意图里确实

---

① 哈利卡尔那索斯的德尼斯(Denys d'Halicarnasse, 约公元前
60—前8),希腊历史学家。——译注

② 希罗多德,I, 57—58; Denys d'Halicarnasse,《罗马的起源》(*Les
origines de Rome*), 90。

涉及到语言。

唱(*Cano*①),维吉尔道,是说"**我歌唱武器和英雄**"而不是《奥德赛》的开首语 *moi ennepe Mousa*,"**请为我叙说,缪斯啊,那位机敏的英雄**②",正如弗洛朗斯·杜蓬指明的,意味着"我用拉丁语写荷马③"。为了能让朱诺最终允许特洛伊人埃涅阿斯太太平平肩负重建祖国的使命,结束流亡生涯,朱庇特必须在一点上让步,然而这一点很重要:埃涅阿斯不再讲希腊语,而是拉丁语,他安家在那个地方的住民的语言。漂泊迫使人放弃母语。父辈的土地,母亲的语言:只有用他者的语言才能形成新的祖国。

流亡令人敏感的是,"不止有一种语言"。"不止有一种语言":这个引号说明了这个笔录-指令是雅克·德里达的语录,因为同时涉及两件事;因为他认为这个定义本身就是他所称的"解构④"。雅克·德里达的解构出自他

---

① 引自诗句:Arma virumque camo,维吉尔,《埃涅阿斯纪》,I,1 – 11。

② 引用王焕生译文(《奥德赛》,人民文学出版社,1997 年版)。

③ 《罗马,无源之城》,前揭,第 98 页。

④ 《回忆保尔·德曼》(*Mémoires pour Paul de Man*),Paris,Galilée,1988,第 38 页,收入"请插入"(*Prière d'insérer*),见《他者的单一语言》(*Le Monolinguisme de l'autre*),Paris,Galilée,1996。

个人的立场,依据的是他年轻"黑脚"的经验,在阿尔及利亚,以"任选外语"之名,教授阿拉伯语,通过平庸而矛盾的疑难,解构得以表达,让我们听到《他者的单一语言》这个标题:

人们毕竟只说一种语言

人们绝不只说一种语言①。

从乡愁到流亡,从奥德修斯到埃涅阿斯,我们经历了从希腊语作为逻各斯(这是语言—语言行为—普遍道理的过程,希腊人如此思考这个问题,莫米利亚诺把它看作"骄傲的单一语言"[在我看来,是个自然的形容语]),到拉丁语作为第二语言、罗马人的语言的过程,罗马人不可能不知道从语言上说,至少有两种——从逻各斯到语言,再到翻译。

那么政治用来使普遍变复杂的方式就是不可忽视的。确实至少有两种单一语言化的方式。如果把希腊语当作极端夸张的语言,就构成了本地的单一语言(照字意

① 《他者的单一语言》,前揭,第21页。

为:"诞生于本土"),由于逻各斯作为普遍价值无可非议,由此形成了希腊语和蛮语对照的冲突,蛮语如此原始,完全就是原本的野蛮行为。在柏拉图的《美涅克塞努篇》里,深爱伯里克利并向其提供建议的阿斯帕希娅就语带讽刺地表现出这一立场。她当时就持有国民阵线①的言论:"因此我们城邦的美好诞生和自由是坚实而健康的,势必对野蛮人充满仇恨(*phusei misobarbaron*),因为我们是纯种的希腊人,没有野蛮人混杂。因为无论佩洛普斯、卡德摩斯、艾古普托斯、达那俄斯还是其他人,当然都是野蛮人,然而根据希腊人的法律,不能与我们共享生活:我们是真正的希腊人,没有掺杂野蛮人的血液(*autoi Hellenes, ou meixobarbaroi*),因此,我们的城邦天生就有一种对异族人的纯粹仇恨(*katharon to misos… tês allotrias phuseôs*)②。"希腊人自己,无论是伊索克拉底还是安提芬,

---

① 国民阵线(Front national),法国极右翼政党,煽动排外情绪,是极端民族主义思潮的代表。——译注

② 《美涅克塞努篇》,245 c 5—d 5。为了表现描写的细微差别,请见我在《阿格拉亚》(*Aglaïa. Autour de Platon. Mélanges offerts à Monique Dixsaut*)里的文章《蛮性化"/"野蛮人》(Barbariser"/"barbare),其中文章由布朗卡其(A. Brancacci)、埃尔姆尔(D. El Murr)和塔奥尔米娜(D. Taormina)汇集(Paris, Vrin, 2010,第 201—209 页)。

都揭示了这个危险,但危险依然存在。

根据弗洛朗斯·杜蓬的表述"内在相异性",另一种方式,拉丁语的方式,在某些事情上被视为单一语言的一项政策①,并对"混杂"开放。

在这个前景中的关键行文,在《埃涅阿斯纪》的结尾,是朱诺顺从的方式,也正是她取胜的方式。以下是这对天神夫妇的交流:

> "现在我让步,离开这令我憎恨的争斗。命运法则所不能保护的东西,我请求你为拉丁姆地区及其后代的尊严而保留:当两地民众通过愉快的结合建立和平之时,我赞同;他们一致同意确定联合的条件时,我不强迫土生土长的拉丁人改名换姓(*nomen mutare latinos*)成为特洛伊人,不强迫他们被称作透克罗斯的后代,让那些人保留自己的语言(*aut vocem mutare viros*)和习俗吧;拉丁姆区必须存在,必须有经历了百年的阿尔巴国王,必须有被意大利道德情操

---

① 《罗马,无源之城》,前揭,第166页。

71

孕育强大的罗马人种。特洛伊沦陷了，请允许它和自己的名字一起消亡。"人类和物的造物主微笑着应道："你真是朱庇特的姊妹，萨图恩的二女。噢，克制一下你无端惹起的怒气吧。我同意你想做的事，我失败了，很乐意顺从。奥索尼亚人①将保留自己的母语（*sermonem Ausonii patrium*）和习俗；他们的名姓会照原样保留。特洛伊人只有整个与他们融为一体；我将制定神圣的宗教习俗，*所有成为拉丁人的人只拥有一种语言*（*faciamaque omnis uno ore Latinos*）。其中出现的掺有奥索尼亚血缘的人种，你会看到他们受到高于人类、高于神灵的虔诚养育，没有一个民族不会对你的祭坛致以崇高敬意的。

朱诺赞同了，快乐令她改变了主意②。

流亡结果形成的定居和创建，交织着自愿和幸福；抵达的特洛伊人将和奥索尼亚人"从身体上"融合，由埃涅

----

① "奥索尼亚人"，尤其是汝图勒人围绕图努斯结成同盟，类似"亚该亚人"在特洛伊城墙下结成的同盟。

② XII，818—841（我加以强调）。

阿斯和拉维尼娅的结合开始。一如既往，至少在政治的实效上，从亚历山大及其继任者直至拿破仑及其元帅以来，流亡英雄与战胜者和首领女儿联姻才确保了联盟。这样的混杂甚至在那里形成了和平环境；正如一个优秀的养育者所做的那样，人们使种族获得新生，并成家立业。于是语言变为身份的标准。首先是专有名词，民族的名称，地名，所有用英雄或神的名称命名的城市、年号，都标明了归属："不要强迫拉丁人改名换姓"，朱诺恳求道；"让他们的名字就这样保留下去吧"，朱庇特笑着应道。罗慕路斯"继续了埃涅阿斯的种系"，将建造战神玛尔斯的城市，用这个名字命名罗马人——一开始，这是"朱庇特的目标"（I, 254—296）。整个语言是重要赌注：*Faciam uno ore Latinos*，"我要让所有拉丁人只有一张嘴"，"拥有一种语言"。朱诺赢了，因为特洛伊人的希腊语不再拥有城市的权利，它作为政治语言消失，从中获益的是拉丁语，这门维吉尔的《埃涅阿斯纪》和奥古斯都的帝国所使用的语言。

诗人知道在关键时刻说出"被征服的希腊向残暴的战胜者臣服了"这样的话：希腊语确实对全体罗马人是文

73

化语言①。然而,拉丁语毫不含糊,是统一罗马的唯一语言,这种语言是罗马和平②的体现。"使用拉丁语对罗马人来说是同一性的标志",弗洛朗斯·杜蓬③写道:罗马人把拉丁语当作另一种希腊语,"另一种文明语言",一种新文明语言,进行强制性推广。

"内在相异性":我们都是流亡者

确实就罗马而言,祖国和起源已不再完全具备同等意义。罗马人强行推广自己的语言,"民法"和宗教语言,但是他们并没有与自己的语言同化——再则,"这个语言名不符实,罗马人不讲罗马语"。随罗马一起诞生的是本源的演变。弗洛朗斯·杜蓬精彩地指出了在阿尔班峰起

---

① *Græcia victa ferum victorem cepit et artes intulit agresti Latio* [Horace,《书信集》(Épîtres, II, 1, 156—157)]。见希腊语和拉丁语之间的关系:《往罗马与说希腊语的方式》(*Façon de parler grec à Rome*, F. Dupont et E. Valette-Cagnac 主编, Paris, Belin, 2005);同样汉娜·阿伦特在她的著作中,用换位法在海德格尔的哲学希腊语里提高了政治拉丁语的身价(参见《诡辩的效应》,前揭,第248—269页)。

② 公元1—2世纪,罗马帝国出现了相对安定的时期,史称"罗马和平"。——译注

③ 《罗马,无源之城》,前揭,第75页,如以下引文;然后见第79页。我引用并有时解述了整个第3章。

源(*origo*)的奇特礼仪的重要性,每年举行三项由城市政治精英主持的公开礼仪:在拉维尼姆市为罗马灶神献祭;庆祝罗马安息日;续订合约(这份合约将罗马和拉维尼姆市,这个在《埃涅阿斯纪》里由埃涅阿斯建立的"虚幻城市"联结在一起)。一个如此合理的虚构是从罗马公民权建构出来的,成为"罗马向所有外乡人开放的思想典范",埃涅阿斯就是首位外乡人。因为这位意大利的特洛伊人埃涅阿斯,是以其妻而非罗马的名义建造了拉维尼姆市。罗慕路斯在两代人之后才创建了城市,在此期间,还建成了阿尔布市,以至于象征性地从拉维尼姆市诞生的罗马人也往往已经是外乡人。因为意识,本源就成了虚构——拉康建议用"fixion"这个词,让人读到的是与建造,而不是与给予有关的词,涉及到人们选择确定(fixer)下来的虚构——词源取代了家族谱系,混杂便不言而喻了。

罗马于是变为"内在相异性"的范例,以至于形成这样的情况:罗马的每一位公民至少有两个故乡:一个是血缘上的,是出生地的故乡;一个是权利的故乡,这份权利是城邦(*civitas*)赋予的。西塞罗借马库斯之口明言道①：

> 我认为，所有城市的公民都有两个故乡：出生之故乡和政治之故乡。因此你提到的加图，生在图斯库鲁姆，有在罗马的居住权。因此图斯库鲁姆人是指出生地，罗马人是指居住权，他以出生地为第一故乡，享受权利的是另一个故乡。

这无法阻止罗马成为唯一的大城市（*Urbs*）。甚至不管出生在哪里，罗马仍旧是所有人的故乡，这使其变得独一无二；而满怀对罗马的思念，流亡成为比死亡还要糟糕的惩罚。因此塞涅卡被皇帝克劳德流放到荒蛮的科西嘉岛——就在"我家"旁边："你怎么可能见过我所在之地如此光秃、如此陡峭的岩石？更为贫瘠的资源？更为凶残的人？更为崎岖的地域？那么不温暖的天空②？"塞涅卡一

---

① *De Legibus*，II，5.

② *Ad Helviam matrem de consolatione*，VI，5 参看塞涅卡（Sénèque）的《对话》（*Dialogues*），t. III，《论慰藉》（*Consolation*），瓦尔兹（R. Waltz）编定和翻译（Paris，Les Belles Lettres，2003，第 65 页），我对翻译做了很多修改。公元 41 年在克劳德统治初期，塞涅卡被流放至科西嘉，在那里度过了 7 年。

边安慰自己的母亲,一边以优秀的斯多葛派的身份自我慰藉,"王权上的自由好比套上了枷锁",黑格尔曾经说,他一如既往坚守自己的灵魂:"是灵魂造就了我们的财富。它在流亡中,在凹凸不平的荒郊野岭,追随着我们①",以至于我们都处处为家。然而这种安慰性的论证也具有了历史性和古罗马性,并反馈到第一位流亡者埃涅阿斯身上:"罗马帝国转向了,不是吗? 转向了建造它的流亡者,这个人的祖国沦陷了,带着微薄的圣品逃了出来,因为迫不得已和出于对战胜者的恐惧,寻求遥远的避难所,在意大利靠了岸②。"迁徙,移居,征服,人类没有哪部分是留守在自己的出生地的,"那里只有众多的流亡者③":我们都是流亡者!

奥维德被帝王奥古斯都流放到赛种人那里,在黑海沿岸的行程中,特别使人感到语言的重要性。没有自己的书籍,没有罗马,文明似乎被禁止了。他唯恐忘记拉丁

---

① 同上,XI,5。

② 同上,VII,7。中心结构如下:*romanum imperium nempe auctorem exsulem respicit*。

③ *Quid aliud quam publica exsilia sunt*? (同上,VII,5)

语。"这里一本书都没有,没有一只耳朵愿意听懂我说的话。处处充斥着野蛮和粗野的声音;处处弥漫着对热特(gète)语声的恐惧。我感到自己已经不再会说拉丁语。我已经学说热特和萨玛特(sarmate)语了①。"乡愁比以往更称得上是对返回故乡的念想,在那里神圣的君主代表众神(这里的"神圣"与神样的奥德修斯相比完全另有含义),那些神仙把驱赶你当作惩罚,只有君王的谅解才能让你回家。然而你在外地似乎一无所知,因为故境依旧,而你却不在了。你只能写出惊心动魄的《哀怨集》,把书作为先驱打发出去②。

总之,有两种独一无二的语言:无法遗忘的希腊语和帝国的拉丁语,它们是文化与政治的两种霸权形式。而其他所有只能被称为"白痴"的语言,既无政治性又野蛮的语言,即没有文化的语言,只能在自家的地盘,自己家

① 《哀怨集》(*Tristes*),V,12,54—58,安德烈(André)翻译并改编(Paris,Les Belles Lettres,2008,第158页)。公元8年,奥维德被奥古斯都指定在今天罗马尼亚的托姆斯居住和生活,但并未丧失财产和权利。
② "去吧,小书,我同意你独自去那座城市,那里,哎!是我,你的父亲,不被允许去的地方;去吧,不要荣耀,这适合流亡者之子;可怜的人,采用不幸的标志吧":奥维德的《哀怨集》是这么开始的。

里说说。显然出于此情,由于差异和一致的存在,必须考虑当今的语言政策,它涉及列入南非宪法的 11 种国语,涉及以色列必须使用希伯来语,成为法国人必须懂法语,还有全球语(*globish*),全球英语(*global english*)以及在当今全球化时代有支配权的语言和/或通用语。

埃涅阿斯流亡的结局——在罗马有两个出身,至少拥有两门语言——必然另外建构语言和民族之间的关系,并且使乡愁复杂化。我想再从这个话题出发。

4

阿伦特：为祖国拥有自己的语言

希特勒之前的欧洲吗？我不能说自己对它毫无思念。有什么东西保留下来了吗？只有语言。

语言和民族

身份的指定是政治谓词而不是精髓

埃涅阿斯不再说希腊语而说拉丁语了。流亡的标志是与语言的关系发生了变化：流亡使母语与国籍脱离。埃涅阿斯和奥德修斯一样，不再说逻各斯（logos）语言，而是说了另外一种语言。人们在另一个"祖国"定居时，便"入籍"了。汉娜·阿伦特体验到了这种与语言、文化和儿时祖国建立的关系并把这种关系主题化。她以极大的热情和清晰的头脑在相当数量的文章、信件和谈话中,提到自己1933年逃离德国后流离失所,在法国避难,然后于1941年5月以无国籍人身份经里斯本抵达美国,直至1951年"入籍"成为美国公民。京特·高斯在1964年播出的为德国电视台制作的一次访谈中,问到阿伦特是否怀念希特勒之前她出生时的德国,她的回答是:"希特勒之前的欧洲吗？我不能说自己对它毫无思念。有什么东西保留下来了吗？只有语言①。"

是母语而不是父辈的土地构建了她的祖国:与赞同用拉丁语建设罗马不同的是,在纽约,抵抗德语形成了祖国。同时,阿伦特在教我们从根本上把语言和民族分开。德语和德国人既不等同,也不至于在任何形式下合二为一,尤其不是在政治上。这是战争恐怖结束后诞生的另一个祖国概念。这尽管是罗马人的而非希腊人的观念,或者根据现代哲学的分类来说,是阿伦特式的而不是海德格尔式的,而且毫无疑问,在政治上是现实的。

---

① 《唯独存在的是母语》(*Seule demeure la langue maternelle*), S. Courtine-Denamy 译,《精神》(*Esprit*), n°6,《汉娜·阿伦特》(*Hannah Arendt*),1985年6月,第19—38页,此处为第30页。

母语和父辈土地之间的区别关系到必须密切关注身份的指定，尤其是对"犹太"身份的指定。我们知道自奥德修斯之后，每一次漂泊游历都在讲述身份的认定。阿伦特说自己年幼时并不知晓自己是犹太人。"通过街头孩子们高声表达反犹想法的手法——是些不值得费劲转述的说法——这个词才第一次向我展示出来[①]。"我确实觉得根据个人经验，作为犹太人，就像作为女人，起码应该有人对你说出来，让你知道。这不是一个直接身份，而是反映出来有细微差异的指定身份。阿伦特的身体来自她的母亲，当然是犹太人母亲，但也是忠于罗莎·卢森堡的社会主义母亲，这位母亲用一句话总结了自己："当你作为犹太人受到攻击时，应该作为犹太人来自卫[②]"——我也很乐意说这句话，而且作为犹太人和女人，我很乐意以女儿的身份了解母亲的身体状况。

---

① 《唯独存在的是母语》，第 24 页。

② 同上，第 28 页。他一直深信："人类只能因他为某事受到攻击而自卫。犹太人只有在他以犹太人的身份成为人的时候才能保持自己的人类尊严"，见《犹太军队：民族和解的方法》（*L'armée juive : un moyen en vue de la réconciliation des peuples*），1942，S. Courtine-Denamy 译，《犹太人文集》（*Écrits juifs*），Paris, Fayard, 2011，第 417 页。

然而正如她所强调的,重要的是要明白这个回答是政治性的,"纯属政治的"。没有实质性的东西,没有入籍,没有实体,只有一个简单的谓词——何况在我看来,这只是与"属性①"贴近的动机。因此这个极富哲学特征的"作为"(en tant que),自亚里士多德的"作为存在的存在"(l'être en tant qu'être)到康德再到海德格尔以来,就扭转了词义,变为政治词汇。我们知道阿伦特不乐意接受人家叫她"哲学家",更不喜欢人们称她为"政治哲学"专家,这个从柏拉图到海德格尔的反义修辞法②……

---

　　① "属于犹太教成为我固有的问题,而我的问题在政治上,纯政治的",见《唯独存在的是母语》,第 28 页。我把有关大写的"犹太人"和小写的"犹太人"之间的关系提到了"我们这些另类的犹太人"中:"被同化的犹太教的 150 年历史(……)取得空前成功:一切都持久地表明他们不是犹太人(小写的),而犹太人(大写的)才成功地保持了犹太人",见《犹太人文集》,前揭,第 430 页。为了比较同类身份,参见我在联合国教科文组织《女哲学家杂志》(Revue des femmes-philosophes)2011 年 11 月第 1 期上发表的文章,《类别的渗透性:妇女/哲学家,一种策略身份》(La perméabilité des genres : femme / philosophe , une identité stratégique),查询教科文在线网站。

　　② 《唯独存在的是母语》,第 19—20 页:"至于我,我并不自认为是哲学家……我所回避的'政治哲学'的说法已经非常少见地被传统使用。'哲学家'面对政治已经不以中立的方式维持了:从柏拉图开始,就不再可能了。"参照《诡辩的效应》,前揭,特别是第 248—251 页。

思考犹太人身份的这种方式为汉娜·阿伦特提供了思考自己德国人身份的模式。"我不认为我曾经把自己当作德国人——如果能让自己有所区别的话,从属性意义上讲,我属于一个民族而不是一个国家①。"从属于犹太人的意义上看,她感觉自己不是德国人而是犹太人:这正是众人对她大加谴责的地方,尤其是肖勒姆。肖勒姆指责她在《耶路撒冷的艾希曼》里缺乏对犹太人的爱;他给她写信道:"我把您看作这个民族的一员,一个完完全全的成员而非其他。"她的回答如下:"我绝没有做过能够表现我是'除我之外的什么人'的人,我甚至没有感到有这样的欲望,'对我来说,这和说我是男人而不是女人一样荒谬';作为犹太人,女人,'我属于自己人生毋庸置疑的信息的一部分,是本性(*phusei*)使然而不是陈旧礼法(*nomôi*)所致,这都是赋予我的而不是做作的②。"然而她回答问题时,斩钉截铁地区别了爱和政治:"您完全正确:我一生从未'爱过'任何一个民族或者团

① 《唯独存在的是母语》,第 25 页。

② 1963 年 7 月 20 日致肖勒姆的信,《犹太人文集》,纽约,前揭,第 645 页。

体——德意志民族，法兰西民族，美利坚民族，工人阶级，无论任何一个同样性质的其他团体。我实实在在爱的只是我的朋友，我绝没有能力有其他的爱①。"当高斯提到她自身提供的这部分证据时，在辨别两种类型的属性后，她强调说，正是因为这两种类型的属性互不混淆，才形成了自由的条件。属于一个群体是"一上来就有的自然事实的证据：从你出生起永远属于某一个群体"，她重复道。那里是爱情和友谊之地。但是那个地方悲哀地混淆了这一点，因为属于一个"附属意义"上的群体，属于一个有组织的、政治性的群体，处在世界上与共同利益相连的关系里。将爱情纳入讨论主题是"非政治性和非世界的②"。

那么犹太人身份是什么呢？作为人称的谓词，这首先是对逃避的极佳运用。既不否认也不否定："所有反法西斯主义的犹太人和非犹太人，都在认定犹太人并不存在的情况下，以为做了有益于犹太人的事情③。"然而逃避，被

① 1963 年 7 月 20 日致肖勒姆的信，《犹太人文集》，纽约，前揭，第 646 页，是我做了强调。

② 《唯独存在的是母语》，第 33 页，然后 34 页。

③ 《犹太军队，民族和解的方法》，1942，《犹太人文集》，第 419 页。

证明是阿伦特称作"有觉悟的贱民"①的条件。这些贱民和她一样,保持在机构和共同信仰(*doxa*)之外——和她一样,首先和母亲一样且与母亲在一起:"保—持—在—所—有—社—会—联—系—之—外",她对高斯说②。"不因循守旧是完成知识化的必要条件③。"伊丽莎白·扬-布鲁尔讲述自己如何摆脱了顺从的状态,因为"这个位置不是为母亲的女儿准备的"(*This place ist nicht fur meiner Mutter Tochtet*),一个鲤鱼跳便回到了起始语言("这个位置"用的是英语,"不是为母亲的女儿准备的"用的是德语)。因而在外面,包括每当需要,即政治需要时④,就要针对犹太人

---

① 《犹太人就是贱民:一个隐蔽的传统》(Le juif comme paria:une tradition cachée),1944,《犹太人文集》,第433—457页。

② 《唯独存在的是母语》,第34页。

③ 在拉兰德学校所做的未发表的、无标题论述,1948,由伊丽莎白·扬-布鲁尔(以后简称 E. Y. 布鲁尔)引用,《汉娜·阿伦特传》(*Hannah Arendt*),乔艾尔·罗曼(Joël Roman)和艾提埃娜·塔散(Etienne Tassin)译,Paris,Anthropos,1986;再版 Paris,Fayard,2011,第XXXII页。

④ 我在《流亡语言或"世界摇摆的歧义"》(Les langues de l'exil ou "la chancelante équivocité du monde")中发挥了这个问题,见《流亡群像,巴黎-纽约,汉娜·阿伦特的行踪,弗莱德·斯坦拍摄》(Portraits de l'exil,Paris-New York,Dans le sillage d'Hannah Arendt,Photographie de Fred Stein),Paris,Musée du Montparnasse/Arcadia éditions,2011,第11—26页。

团体和以色列团体。

从此属于阿伦特的精髓,如果这个精髓存在的话,就是哲学。"问题是在哲学限度里提出来的:我若不能研究哲学,我只能说是迷失了方向①。"然而这是一种远离"哲学家圈子"的哲学,这个哲学在高斯看来,是通过"政治理论"这个有差异的名称指定下来的。

哲学、政治和母语:发明与陈词滥调

那么对这种类型的女哲学家而言,什么是流亡和乡愁呢? 在此我们触及哲学在它与语言关系中的定义。阿伦特既没有远离故乡德国流亡,也没有长久脱离一种语言——德语。她在与高斯的谈话中阐明了这一点,并且最清晰地做了重复。让我们还是再次强调一下她在母语和祖国,这个"前希特勒德国"之间做出的断然区别。京特·高斯问她是否忘记了那个祖国,她回答时和他一样延伸到了欧洲:"希特勒之前的欧洲吗? 我不能说自己对它毫无思念。有什么东西保留下来了吗? **只有语言。**"我

---

① 《唯独存在的是母语》,第 25 页,然后第 19 页。

对这次谈话的标题作一说明："唯独存在的是母语。"我们看到,阿伦特刚刚明确了自己"从民族归属而不是国家归属意义上讲,从未认为自己是德国人":况且,不是民族不是祖国改变了,改变的只是一个简单的国籍。始终重要、永远重要的,是德里达反复提到的始终(immer)①,绝不是上面那些特征,重要的是语言。

> 在母语和其他任何一种语言之间有一种难以置信的区别。在我看来,这个差别可以用简单的方式加以概括:我谙熟大量用德语创作的德国诗歌;它们以某种方式在我脑袋里(in the back of my mind)的深层记忆中显现,要复制这些记忆不大可能②。

这就是她不可动摇的情感,足以定义她从 1940 年代直至生命终结的流亡。我们这些其他的流亡者,她在

---

① 在《他者的单一语言》(Monolinguisme de l'autre)开头有长达 24 页的注释,对罗森茨维格(Rosenzweig)、阿伦特和列维纳斯的德语进行了比较,Paris,Galilée,1996。

② 《唯独存在的是母语》,第 30 页。

1943年写道，"我们丢失了家园"，日常生活的亲切感；"我们丢失了职业"，可以让我们在这个世界上发挥点作用的保障。然而尤其是，"我们丢失了母语，就是说，我们的自然反应，简单的动作以及感情的本能表达①"。汉娜发出一声"啊呀！"（"这是一种被抓住、经常在惊吓时激发的能力，她睁大眼睛，'啊呀！'这一声［……］，犹如高电压，将她置于我们所有人之上②"）。大约25年之后，做了美国15年的教授和演讲人的她依旧重复道："你们知道我不得不离开德国已经有34年了，母语是我唯一可以从以往的祖国带出来的东西。我一直努力让这个无可替代的东西保持生命力且不受损害③。"

这一点让屈从救世主美好建议（如今是屈从接待国的苛求）的流亡者的处境变得令人难以容忍，即便不是这样，也是不祥的征兆。"他们要求我们忘记，我们确实

① 《我们这些另类的避难者》，《犹太人文集》，第421页。
② 玛丽·马克·卡提，E. Y. 布鲁尔引用，第261页。
③ 1967年7月6日，给德国语言与诗歌学院秘书长厄南斯特·约翰的致谢信，他为她颁发了西格蒙德·弗洛伊德科学散文奖，西尔维·库提娜-德纳米（*Sylvie Courtine-Denamy*）特别指出，见后者译成法语的《思想日记》（*Journal de pensée*，Paris，Seuil，2005，第1063页）。

也以人们难以想象的速度很快忘记了(……)。在法国待上四周或在美国待六周后,我们便自认为是法国人或是美国人了",她在 1941 年写道①。我们这些其他的流亡者对忘记自己的职业或者社会身份表示鄙夷,然而"提到语言,我们却没有丝毫困难:只要一年,乐观派就相信自己运用英语和母语一样好了,两年一过,他们就发誓自己英语说得比其他任何一种语言都好,只是勉强记得德语了"。在与高斯的谈话中,她回到了这个话题:"我总是有意拒绝把母语丢掉。我总是在以前说得很好的法语和现在书写的英语面前保持一定距离。"必须听听汉娜·阿伦特"用非常重的口音"说英语而不以"方言的方式"表达;必须翻译阿伦特的英语文章,以便弄明白在何种程度上,她从语音到节奏再到句法培植(cultiver)德语(colere,"培植"这个动词在限定范围内,等同于灵魂和神灵)。她的第一任丈夫京特·安德斯说过颠簸的流亡者"存在口吃现象",他们不只是在"从国家到国家,而且从语言到语言"摇摆不定——"我们当中的许多人真

---

① 《我们这些另类的避难者》,《犹太人文集》,第 421 页。

93

的变成了口吃，甚至在两种语言里都口吃。"他可能并不是没有联想到汉娜，才提到了那些发现这个危险的人，那些人"狂热献身于母语……因为语言是唯一无法从他们那里窃取到的财富，是自身唯一还可以掌控的一面[①]"。

然而什么因素让一种语言"母性化"了呢？大约是创造的可能性。由语言造就而成的诗歌自然是与母语相契合的。每个言说者都在自己的语言中成为自己语言的作者——"言说者是自己的代言人，语言就是他自己"，施莱尔马赫无懈可击地说道[②]——以至于言说者像产出现实（energyeia）而不是光子能量（ergon）一样生产语言，可以应用语言，落实到行动和变革，而不是作为一个封闭的整体使用它。阿伦特强调："用德语我可以完成或许用英语永远做不到的事情[③]。"

---

① Günther Anders，《事后》（Post festum），见《流亡和返乡记事》（Journaux de l'exil et du retour），前揭，第105—107页。

② F. D. E. Schleiermacher，《解释学通论》（L'Herméneutique générale，1809—1810），Berner 译，Paris，Cerf/PUL，1987，第15条警句，第75页。

③ 《唯独存在的是母语》，第30页。

这种坚守母语的方式并不适合去抵抗献媚，而是适应深深的畏惧，这个畏惧产生意义，我感觉，只是在与平庸之恶这一观念产生关联的时候。和那些外语说得比母语要好得多的流亡者在一起时，她说，"在我们接触的语言中，陈词滥调赶走了别种语言①"；人们在自己的语言中表现出的生产能力、创造能力和权威性随着遗忘"被斩断"。"陈词滥调"应该是阻止我们前行的用语。平庸之恶——艾希曼作为这方面的专家——并不是与我们所说的语言之平庸没有联系。如安德斯所强调的，"话者必变②"。我们不应该把陈词滥调和词语的日常用法，即日常用语混淆：反之，日常用语的每一个词从所有联想和沉淀的意义上说都是粗糙的，*处于智慧的背面*（*in the back of the mind*③）。阿伦特说"艾希曼用**德语**英勇斗争，他总是胜出"："他辩解道：'行政语言是我唯一的语言。'然而

---

① 《唯独存在的是母语》，第30页。

② Güther Anders,《事后》，第106页。

③ 我们在日常语言行为中使用的母语词语"意义特别，可以让我们预防众多协会从传统诗学的宝库中自动并秘密地出现时形成空洞的陈词滥调，那可是提供恩惠滋养语言行为的宝库"（1975年接受宋宁大奖时的发言，E. Y. 布鲁尔整句引用了这个冗长沉重的句子，我加以断句，把它修饰成"英德混合句"）。

（……）行政语言之所以变为他的语言是因为事实上，他没有能力说一句不属于陈词滥调的句子①。""这是靠陈词滥调自我安慰的可怕天赋"，在提到艾希曼希望"和解"的时候，她重申："现在，他继续道，他'希望和自己的老敌手握手言和'——这不只是和希姆莱分享的一种感情（……），而且如此令人难以置信的是，也是与众多普通德国人分享的一种感情。在战争结束时，人们听到的正是这同样的话语。这种可耻的陈词滥调不再在他们高层之间交流，这是由他们自己制造出来的表达，既没有真实性，也是民众12年来使用的语言；我们几乎能够观察到，这样的话语给了那个在话语出口一刻的人'特别的惬意感②'。"

然而，人们说母语可以用陈词滥调，证据已在！创造发明若真有现实的特别之处，能与"母性"反复互动，就应该从逻辑上总结为：语言不能再有发明创造时，就不再是"母性"的了，甚至对所有政治和人性上表现愚蠢

---

① 《艾希曼在耶路撒冷》（*Eichmann à Jérusalem*，Paris，Folio 2002，第116—117页，然后是127页），我做了强调。

② 《艾希曼在耶路撒冷》，第123—124页。

的聆听者/传达者来说,也不能再真正称其为"语言",而这是些没有任何反思或批评判断的人。德语依然会是流亡者的母语,它将不再是普通纳粹分子的语言:这是被推到极端的民众与语言决裂的转化效应。当母语不再是一种语言,那么就只剩下了宣传。事实上,正是因为大家在运用词语方面负有责任,是作者而不是接收者或是交流传递者负有责任,语言本身也成了政治事务。阿伦特对语言的全部观念都扎根于亚里士多德对人的定义:*zôion logon ekhon*,有语言天赋的动物,"比其他动物更具政治性",正是因为人具备语言天赋[①]。从普遍方式来看(这里有一个会把我们拖向更远的诡辩术特色的主题),语言的政治力量在于它的效果。阿伦特强调这个反亚里士多德、反现象学和反存在论的指导作用不再从人或者思想向语言进展,而是从语言向思想和人发展:"这就是语言为思想配备词汇的原因。这就是为什么没有词汇的语言,都回避了思想。(……)以为在语言中思考的现实不如未加思考的活生生的现实来得真实,

---

① Aristote,《政治学》(*Politique*),I,1253 a 2—10。

是个错误。涉及到人的时候,情况可能会相反①。"作为政治的语言,其所固有的这种力量形成了以下事实:唯有极度警觉能够避免极端伤害,而服从与平庸之恶却被陈词滥调和如今被人们用冷酷而平静的语气所说的"语言要素"所匿名传递。

于是再也无法逃避的就是宣传与大众传播,甚至只是"传播"之间的关系问题。品味是一种突出的政治能力,没有品味导致在宣传方面缺乏创造力。阅读阿伦特的时候,我想说,顺从的流亡者说**全球语**。可能出现的情况是,人们在母语中用陈词滥调来谈论平庸之恶。然而如何避免在一种不属于你的语言里用陈词滥调说话? 当阿伦特纠缠在自己的母语上时,这才是她所担心的。我们遇到了"文化危机"的问题。大众文化,大众传播的情况是:当普遍使用的语言只有**全球语**,与全球英语形成竞

---

① 《思想日记》,前揭,1965 年 11 月,第 II 卷,第 837—838 页。由此得出的这个结论十分奇特,当你想把语言(langue)浓缩为数学语言(langage mathématique)时,"会瞬间摧毁思想的客体",这个结论被语言延伸到了自然科学:"由于自然科学不在母语里表现了,它的客体也不再是思想的客体。它不断努力'考虑的是不可思议的东西'",那些不可能表现出来的东西。自然科学创建了"不可思议",竭力事后再通过思考去理解它(强调是我加的)。

争时,当再也没有创造、没有爱好、没有判断时,非常简单,就再没有语言了。再者,英国文化协会对此感到惊慌失措,会以英语持有者的身份,逐步调查以衡量这门语言的失败。

海德格尔和阿伦特的乡愁

母语与其他语言没有任何共同之处,不仅因为这是母亲的语言,而且因为母亲只有一个,还因为母亲在自然和文化的交融中创造了你的肉体。怎么会"有"一种语言,甚至没有通过沉浸在能指的、生命的声音里"被"制造出来却不拥有你? 怎能在思考母语的优越性时不同时想象它特有才华而高于其他语言? 如何避免语言"才华"这个巨大的难题? 是不是祖国、国家、文化、传统,简言之,全体民众都在教授你语言? 犹如普罗泰戈拉已经说过的,奶妈不止一位,甚至,从教孩子读书的教师到立法者,所有人都是奶妈①。我们只有快

---

① Platon,《普罗泰戈拉》(*Protagoras*),从 325c 开始。"犹如你寻找教我们希腊化的大师,你只能发现一位!"(328a)

速地,带着母语绝对特殊的意识,用希腊语的**逻各斯**全副武装,重新投入一个从特殊出发而去制造普遍的范例,直至在同一词语下混淆语言行为(langage)、语言(langue)、思想、风格,这个词语就是聪明和理解——*ratio et oratio*。这正是希腊人/野蛮人这双重人毫无节制、粗俗和残酷地说出的话,还有动词"使希腊化/使野蛮化":"希腊化"的希腊人,仅在阅读荷马时学说希腊语,学习完美表达,正确思考,接受教养,接受文明教育,简言之,学习做人,因此有别于"野蛮人"(我们,说他们是"外乡人"),即不能被理解的人,不说希腊语的人,实施野蛮主义,既无教养又不文明,和我们不是一路人,他们不是……的人。谁只属于一个民族却拥有错综复杂的语言和文化? 用何种力量,怎样才能阻止他们向"自然状态"转变?

在此应该坚定阿伦特执行的瓦解语言和民族之间联系的观点。在这一点上还应该说明:我们不是生来就是德国人,是人家把我们变成了德国人,就像伊索克拉底所说的那样。在他看来,当希腊人认为 *hellênizein*("希腊式存在",希腊主义)属于自然属性而不是文化时,才是真正的野蛮人①。只为唯一的祖国拥有自己的语言,就必须明白这个距离的含义,换言之,必须估量"作为犹太人"的影响。

与海德格尔的比较说明了一切。据我所知,阿伦特从未直接进行这样的比较。我总是要回顾海德格尔的这句话,它通过存在之思,以夸张的方式使语言与民族之间的模糊效应变得一目了然:

> 希腊语是具有哲学性的,换言之(……)它没有被哲学术语所包围,然而自身作为语言和语言轮廓,已经哲学化了。几乎每一种正式语言都如此,当然程度有所不同。**这个程度是由说某种语言并以此为生的民族和种族的深度与生存能力所决定的。**希腊语这种深厚的、富有哲学创造性的特征,我们只在自己的德语里有所

---

① Iscrate,《颂扬》(Panégyrique),50:"在想到和提及自己的学生成为别人的老师时,我们的城市远远超出了其他人。它使用希腊人名,不再像世袭(genous)的名字,而像是考虑(dianoias)过的名字。我们宁愿称呼参与我们的教育(tès paideuseôs tès hêmeteras)的人为希腊人,而不是称呼那些与我们分享自然城镇(tès Koinès phuseôs)的人为希腊人。"

发 现①。

海德格尔认为,希腊语,还有植根于德意志民族、比希腊语还希腊语的德语,是一种"存在论的民族主义",是扎根于德国浪漫主义的根基之上的②。

这样,我该如何总结自己建议命名的各种思乡之间的差异呢:阿伦特作为政治思想家流亡,思念着德语,漂离在其他一种语言之外;海德格尔作为哲学家,思念存在,漂泊于逻各斯之外——不如说 *Sprache*("语言","言语"之外),"'存在'之家和人之本质的庇护所③"之外。在这里我们无疑必须比我所是和我期冀之所是更为敏锐或更加有哲学头脑。我们不会把海德格尔的祖国归结到

① Martin Heidegger,《论人类自由的本质:哲学导言》(*De l'essence de le liberté humaine. Introduction à la philosophie* [1930], E. Martineau 译, Paris Gallimard, 1987, 第 57 页及以下各页。此句结尾有一条注释指出: "参照艾克哈特和黑格尔大师。"

② 我从伟大的日耳曼语专家和翻译家让-皮埃尔·勒夫布维尔那里借用了"存在论的民族主义"这个术语和对这个术语的诊断。

③ 《关于人道主义的信》(*Lettre sur l'humanisme*), Roger Munier 译,新版, Paris, Aubier, 1964, 第 163 页。结尾十分精彩,因为简洁而更为有效地表达了:"因此,宛如云彩就是天空中的云彩一样,语言行为会是在者的语言行为"(同上,第 173 页)。

国家社会主义的民族主义里面去,即便他夫人埃尔弗里德,他"亲爱的小心肝"作为这种类型的祖国的象征和征兆实在太过。因为这里明确地涉及人的问题,比如说,在《关于人道主义的信》中他说:

> 这种对存在(l'Être)"的"亲近(……),从忘记存在的经验出发,被称作"祖国"(……)。这个词在此是在本质意义上思考的,既不是爱国的也不是民族主义的,而是在存在史(l'histoire de l'Être)的范畴内的。祖国的本质同样得到命名,目的是从存在史的本质出发,思考现代人的祖国之缺失①。

简言之,因为这个"那里"(y)符合 1933—1935 年的言论,"这也是他自己的祖国"(das Vaterland ist das Seyn selbst)②。

---

① 这是皮艾特罗·普奇在《足智多谋的奥德修斯》上的题铭,前揭,第 161 页。我和让-弗朗索瓦·库提娜交流得来了接下来的明确指示,有时我会一字一句重新引用,即便我并不乐意为海德格尔而好意运用。

② Heidegger,《修改》(Gesamtausgabe,〈G. A.〉II,第 39 卷,第 121 页),艾玛努埃尔·法伊引用,见《海德格尔,哲学中的纳粹主义引言》(Heidegger, l'introduction du nazisme dans la philosophie),Paris, Albin Michel,2005,第 172 页。

因此思乡被海德格尔说成了"哲学的基本调式"。海德格尔在他1929—1930年的课程里，引用了诺瓦利斯的一句话，"哲学就是怀着一种乡愁的冲动到处去寻找家园"。他如此评价道："哲学作为这样的一股推动力，只能在研究哲学的我们脱离自家、四海为家时才能成立"——海德格尔准确地说道，如果我们不是"处处为家①"的话，我们就回不了家（*nicht zu Hause*）。"奇怪的定义，当然很浪漫"，他继续道。"思乡——*Heimweh*，'乡愁'——当今还会有类似的事情吗？""处处为家，要说明的是：每时每刻处于这个状态，尤其是**完完整整处于这个状态**。这个'**完完整整**'和它的整体，我们**称之为人世**。"只有面向人世，面对"**整体的人**"，我们才"**在路上**"，"**在乡愁中被推动**"。我们自己就是这个"**跨越**"，这个"**不是这个人也不是那个人**"：这种"对**不是**的不安"，他补充道，"我们称之为**有限性**"。因此，"哲学，形而上学是促使我们四海为家的乡愁"，五洲四海，因为别无他处。

___

① 《修改》，29—30，《形而上学的基本概念——世界，孤独的有限性》（*Les concepts fondamentaux de la métaphysique - monde，finitude solide*），1929—1930年的冬季课程，Daniel Panis 译，Paris，Gallimard，1992，第21页，我随后引用并改写了第22—23页。

十分令人震惊的是指出:地点,这个参考"位置"是存在论的,是存在,不是政治、国家、城市——**因为不是政治的而成为存在论的**,这显然是我试图要说的话。海德格尔对索福克勒斯悲剧《安提戈涅》第一合唱曲特别做出的不变诠释证明了这一点。人更有"不在家"(*unheimlich*)的状态,这是在所有令人不安的事物(*to deinotaton*)中最"异常令人不安的",因为他处在建立城邦和丧失城邦(*hupsipolis apolis*)的状态。这说明什么? 海德格尔在此用希腊语排除了德语,而不是用德语排除希腊语。他选择不在城邦(*polis*)这个词之下听到"城市"或"国家"这两个词,就像人们照常规翻译——准确地翻译一个"政治"术语——,然而总是以存在为先;或者处在法语翻译中热情的、存在论的不规范语言当中:"本源的位置,那个那里,本源的出处就在那里,从那里出发,为了那里①"。海德格尔8年后返回那里,随心所欲,在《巴门尼德》中进行了词

---

① 《形而上学导言》(*Introduction à la métaphysique*)(1935年宣读的文章,1958年由 Gibert Kahn 翻译),Paris, Gallimard, 1967,第159页。然后1943年出版的《巴门尼德》有个结论:"只因希腊人绝对不是政治民族",他们才可能回来建立城邦,第142页。

源学处理:城邦(*polis*)是"*pelein*"的极点,*pelein* 是古希腊语动词"存在"(être)。因此人立于城邦之上又丧失城邦,和被女儿安提戈涅带着到处流浪的俄狄浦斯不同,处于城邦之上又脱离城邦,却在"历史位置上十分突出",同时"无定位又无城廓","无机构又无边界",因为他必须首先"创立这一切"。事实上,存在通常是一个不像土地、种族和生根那么有毒性的词,海德格尔作为哲学家在此可以避免像巴莱斯(Barrès)那样谈论在土地和死人中生根。

然而被希腊语排斥的那个德语,难道真就是阿伦特思念中的那门语言吗?

世界摇摆的歧义

语言如同流亡者以及德语

阿伦特自己也常说,希腊语和希腊诗歌对她来说多么重要①。然而她支持在语言和民族之间去耦,拔除语言的根系,应该说"拔除语言的种族",禁止偏差。当我们

---

① "我总是特别喜爱希腊诗歌,诗歌在我的生活里起着重大作用"(《唯独存在的是母语》,第26页)。

完好保留阿伦特的去耦时,语言就再也不是一个民族固有的东西,这不是属性。雅克·德里达最为有力地谈到这个问题:"我只拥有一种语言,同时,就它特殊、典型的形式而言,这门语言不属于(……)。一段特别的历史在我这里强化了这条普遍规律:语言没有从属性。"[①]去除掉语言和民族的连带关系,只为语言能够延续。

我认为,在经历单个人——建立城邦和丧失城邦(hupsipolis apolis),身处远方,处在存在(l'Être)不在的那里——到多种多样、数量众多的人的时候,涉及同样的举动。一种唯一的同样多重的考虑,迫使政治去对抗存在论。从普遍的或者种属的到特别的,一直是阿伦特担忧的问题:对人类数量繁多的担忧。

政治是什么?

1. 政治置于这样一个事实之上:众生芸芸。上帝创造了人,复数的人是地球人类的产物(……)。

---

① 《最终学会生活》(*Apprendre à vivre enfin*),前揭,第39页。雅克·德里达在《他者的单一语言》里,求助于此书以讲述自己被克莱米约法令废除的"犹太黑脚"的"特别故事"。

2. 政治谈论的是有差异人群的一致性和相互性①。

三个月后她又用英语重复道："*If Man is the topic of philosophy and Men the subject of politics, then totalitarism signifies a victory of 'philosophy' over politics——and not the other way round*(如果人是哲学的主题,众生是政治的客体,那么极权制就意味着'哲学'战胜了政治,而不是相反②)。"京特·安德斯说过此事,我也许会在今天用比阿伦特还大的气力揭露此事,将特别多的人铭刻在每个人完整的心目中:"我要说的是,单一的人就是众多的人;他们只以复数存在……'复数的人'不是单数'人'的复数;每个人已经是'复数人'的单数形式③。"

然而,确切地说,在单个人和复数人之间以及存在的

---

① 《思想日记》,前揭,卷 I,1950 年 8 月(21),第 28 页及以下各页。

② 同上,1950 年 11 月(16),第 57 页。

③ Günther Anders,《事后》,《逃亡与返乡日记》,Vienne,1951 年 6 月,前揭,第 236 页。我想在此创造一个词汇"众多人"(deshommes),和拉康的发明存在"一种语言"(lalangue)一样。

语言[存在论赋予的"有"(es gibt, il y a)的海德格尔式语言]和其他语言中的一种语言(复数的和语言多样性的"有",尤其是洪堡考虑的问题①)之间有着同样的关系(逻各斯,希腊人确实可能说到过),即便是在这两种情况下,我们探讨的语言仍旧处在具有德语名称的位置上。再回到主题。那么是哪种语言呢? 在阿伦特看来是德语。哪个民族呢? 阿伦特认为是任何民族/犹太民族(根据"作为"这个短语只叙述事实的完整倾向,是对以色列和奥斯维辛的回答)。无论如何,都不存在类似"我的民族语言"的事情。汉娜·阿伦特曾尝试和纽约的一位同事朋友一起学习希伯来语,她十分努力,但是并没有改变这个言论:希伯来语"不是语言,而是民族灾难",她1936年8月在给布鲁克的信中这样写道②。情况是,阿伦特的母语是德语。"德语无论如何是延续的核心,是我有意

---

① "表现在现实中的语言只能是繁多的"(Wilhelm von Humbloldt,《关于差异……》[*Über die Verschiedenheiten* ……],见《全集》[*Gesammelte Schriften*]〈G. S.〉, A. Leitzmann 等编, Berlin, Behr, 第 6 卷, 第240 页)。

② H. Arendt, H. Blücher,《通信集》(*Correspondance* , 1936—1968, 1936 年 8 月 8 日信, 第 38 页, S. 库蒂娜-德纳米引用,《犹太人文集》,"译者序", 第 42 页)。

识保留的东西。""甚至在最严酷的时候也是这样吗?"高斯这么问道。"一直这样。我寻思:怎么办? 难道不是德语变疯狂了吗! 其次,母语无可替代",阿伦特答道①。这个回答,这个语言疯狂的假说,推翻了德里达。这门语言,在"天性"和"母体"个性上,通过纳粹德国的德意志民族语言,清楚地看到了什么? 她难道不是处"在"德语事实发生之上、之外和旁边的吗?

"奥斯维辛之后如何言说?":大家都熟悉这个问题。大家都很清楚它引起一个叫阿多诺的人的哲学担忧——面对海德格尔的语言发自肺腑的厌恶,而这门语言必须作为隐语加以突出,并且作为独裁语言进行推广,以达到保护德语的目的;经策兰揣摩过的诗歌之沉默,透过告解座的"栅栏",即语言栅栏(sprachgitter),既无非分之想,又无希望;最终,维克多·克莱普勒在《第三帝国的语言》里那不可避免的语义学感知,通过这个书名认定了第三帝国的语言。克莱普勒这位法国文学专家从德累斯顿大学被免职后,从"犹太人家园"开始,视《语文学家日志》为

---

① 《唯独存在的是母语》,第30页。

平衡器以保持自己内心的自由（"我感觉自己如奥德修斯重新站在了独眼巨人面前：'你，我要最后一个吞噬你'"），他记下了从 1936 至 1945 年间纳粹时时刻刻灌输的德语和改革方式。"词语，"他说道，"可能是微量的砒霜：不小心吞食了它，似乎没起丝毫作用，要过片刻毒性才感觉得出来"，所以，克莱普勒补充道，"我们必须把纳粹那里大量常用的词汇，长期地，有的是永久地，扔进公共墓穴之中①。"必须丢掉一些词汇，比如，组织（organiser）这个词，丢弃"语言因素"，就是当今人们敢于毫无羞愧、完全透明地说的，抛弃语言的一些惯用法——但是，"抛弃一种语言"想说什么呢？最终返回的流亡者的困惑由此产生，安德斯惊呼并寻思道："我们在这儿又说德语了……瞬间产生的第一印象是惊讶。'你听见了吧？他们在说德语。'然而第二印象是：'不谨慎'。为什么②?"他补充道："我担心回国时，我们这些流亡诗人并没有把

---

① Victor Klemperer, LTI,《第三帝国的语言：一位语文学家的笔记》（ la langue du Troisième Reich. Carnet d'un philologue ）, 1947, Elisabeth Guillo 译，Paris, Albin Michel, 1996, 第 40 和 41 页。

② Günther Anders,《流亡与返乡日记》，前揭，第 123 页，随后第 127 页。

我们的诗兴化为沉默……"

　　总之，在我看来，奥斯维辛之后的这个问题是由阿伦特再次开启的。德语没有变疯，因为德语不是民族语言或者德国国家社会主义语言，而是一种语言，德语，已脱离本土，从字义"流亡"上说，没有归属。因为作为语言，每一种语言都脱离本土在流亡，不仅是流亡，而且是在流亡中表达（几乎可以这样说，形成了其流亡特征的证明），因为这个问题没有意义。剥夺母语的国籍，看吧，到此目的的终结，总是拯救了它。

翻译的范例

　　我感觉这正是德里达真正明了的东西，并用他命令和惊叹的语调再探讨道："不止有一种语言啊！"

　　因此对母语的爱，还有流亡者为了让这门曾被纳粹德国使用的语言得到豁免而对它的坚守，结合起来，屈从于阿伦特同时实践和鼓吹的多样性。她确实不停地在私下进行多种语言的体验。她因而写出《思想日记》，每当进入作品的原语言时，就引出了柏拉图、马基雅维利、帕斯卡尔、康德等对象，甚至在有机会，在无所挂虑不如说欣喜若狂时,会在希腊语著作不在手边时,在笔下的语言里,出现对柏拉图的英语翻译,甚至用英语书写康德,"足够了(and basta)①"!伊丽莎白·扬-布鲁尔谈到"阿伦特的原始语言"时说道:"她哲学与诗歌的祖籍语言是德语,她首次流亡的语言是法语,她获得二次公民身份的语言是带有德语口音的英语,她政治宗祖的语言是拉丁语和希腊语②。"阿伦特确实"不止拥有一种语言",即便她只是把拉丁语理解为希腊语的对位性的语言。在这里,与海德格尔和逻各斯—语言—智慧融合相比,已经有一个很重要的距离点:cultura, gravitas, auctoritas, religio, libertas, traditio,多亏了阿伦特,这些拉丁词语才在以后创建了我们现今的政治哲学③。我从中看到了有关翻译的

---

① "康德,自我——所谓的'我思'必须伴随我的全部介绍。这大概全然无法理解,如果这个自我只有一个就足够了"(1970年5月,XXVII,52),或者"马基雅维利所说'怎么能不好呢',因为上帝自身掩藏起来了"(1955年3月,XXI,9),S. Courtine-Denamy 引用,《在汉娜·阿伦特的工作室》,《犹太人文集》,卷 II,第 1065 页和1064 页。

② E. Y. 布鲁尔,前揭,《导言》,第 XLI 页。

③ 我冒昧求助于《诡辩的效果》,前揭,《存在论与政治:阿伦特与海德格尔的希腊》(*Ontologie et politique : la Grèce de Arendt et celle de Heidegger*),第 248—269 页。

经验和范例的一个本质区别,因为海德格尔认为,希腊语"在拉丁语上"丧失了哲学,阿伦特则认为,希腊语是政治上的再创造。

所以我们不再如此确定创造就是母语的特性。如果需要深刻地了解一种语言以便能够在此进行创造,那么可能有几种内在思考。出生于田纳西州纳什维尔的诗人兰德尔·贾雷尔(Randall Jarrell),在《国家》杂志社工作,还与阿伦特在朔肯图书出版社(Schocken Books)共事过。他照阿伦特的做法,擅长将自己的文章"英语化"。他热爱德语:"我以为——真心以为,真正以为——我最热爱的国家是德国";他叹息道:"唉,我的德语要是说稍好,也谈不上:若是去翻译,如何找出时间学习德语?如果不翻译,岂不将其忘记①?"这样的情况会出现吧?人们会在一种说不好的语言里想象或者创造掷地有声的语句,这是向其表达爱的一种方式。如果说我们很难了解人们改变了我们的语言后,在我们身上发生的变化,那么人们改变语言后,被面向

---

① E. Y. 布鲁尔引用,第 260 和 250 页。

另一个能指世界的另一个语言体所俘获时,对自身的改变也很难知晓。我只知道应该至少会说(有爱足矣)两种语言以得知人们在说其中一种,这是人们言表的一种语言;流亡者有幸并怀着思乡之情从身心上明白了,对自己而言,有一种语言比另一种更为母性化——阿伦特1949至1950年间有几个月回到德国,负责犹太人文化协会的工作,当她在街上听到有人说德语时,激动万分……

我们不仅可以在另一种语言里进行别样的创造,也可以在两种语言之间进行创造。这被称为翻译。人不是具备逻各斯的动物,而是通晓多种语言的动物。阿伦特成就了多种语言的哲学,根据的不是它们所谓的存在论等级,也不是照海德格尔所说,尊重它们的所谓民族天然完整性,而是多种语言的事实(我们强调**事实**):幸福随巴别塔之后而来①。1950年11月,她把6月份才开始动笔的《思想日记》(*Denktagebuch*)的其中一页命名为"语言的多样性"。这个片段用德语书写,而我在这里提供的是法

---

① 因此我概述了《欧洲哲学词汇:不可译辞典》中的问题,前揭。

语译文。

语言具有多样性：若仅存一种语言，我们可能更能把握事物的本质。

起决定作用的事实是 1. 有多种多样的语言存在，它们之间的区别不仅是词汇，还有语法，即，主要是它们的思维方式；2. 所有语言都可以学到手。

由于支撑展示物品的物件既可称为 tisch（德语：桌子），也可叫做 table（法语：桌子），这表明由我们制造并被我们命名的真正具有事物本质的某些东西被我们遗漏了。不是意义和意义所包涵的可能幻觉使世界变得不稳定，也不是可能的想象和真实的恐惧增多，使一切只是梦幻，更重要的是一种语言首先是多种语言形成了歧义。在一个清一色的人类共同体内部，桌子的实质毫无歧义地被"桌子"这个词表示出来，然而当这个词抵达共同体的边界时，便踉跄起来。

如果不可能学习外语，世界摇摆的歧义以及住

在这里的人的不安全感，自然不会存在，可能的情况是，为了一个共同而一致的世界，还存在其他我们所拥有的"一致性"，即便只存在一种语言的时候。由此产生的共同语言的荒诞性，是反"人类命运"，反人为的统一以及反歧义的巨大威力的①。

阿伦特作为流亡者和政治理论家通晓几种语言。语言的多样化是构建世界的决定性事实，因为并不是像人们通常以为的那样，同一事物有别样的表达法，多种语言将差异置于事物本质的核心。其中的原因正如洪堡对希腊语或巴斯克语所作的分析，也如本雅明不断在《译者的任务》中所指出的，在于语义学的细微变化(阿伦特说的是"单词")，尤其是构成人们统觉("他们的语法，即……他们的思考方式")的拱状句法。然而，从洪堡到阿伦特，情感内涵发生了变化。洪堡认为，这涉及"世界财富的增加(……)，以及我们在这

---

① 《思想日记》，前揭，第 II 册，1950 年 11 月(15)，第 56—57 页；我用楷体字加以强调。

个世界认知的事物的多样性",涉及到"人类生存面积"的扩展,形成了"在确定和真实的特征下,提供给我们的思考和感受的新方式①"。阿伦特则认为,这涉及"世界摇摆的歧义以及住在这里的人的不安全感"。"学习多门外语"是不稳定的哲学、政治和生存的条件。正是"意义的分歧"产生了"世界摇摆的歧义":就像不同的语言足够产生总是异己的事物的方式,又像同音同形异义词,危险的感受来自使意义发生摇摆的同音同形异义②。我很乐意把对洪堡来说是积极的、对阿伦特来说是模棱两可的情感内涵的差异归于世界主义和流亡的差别,这个差异反映在他们实施的归类差别上:洪堡认为语言差异事实是同义性,阿伦特则认为这个差别

---

① W. von Humboldt,《关于巴斯克人的专题论文片段》,被 P. caussat,D. Adamski,M. Crépon 在《民族的语言起源·18 至 20 世纪欧洲中部和东部的世俗救世主降临说》(*La Langue source de la nation . Messianismes séculier en Europe central et orientale du XVIIIᵉ au XXᵉ siècle*,Liège,Pierre Mardaga,1996,第 433 页)中引用并翻译。

② 我冒昧借助于《决定意义》(*La décision du sens* , Paris, Vrin, 1989),我与 M. Narcy 一起分析了建立不矛盾原则的必要的基本平衡:话语,指的是某物有一个意义,对自己和对别人都只有一个意义。从亚里士多德以来禁止同形(义)异义可以建构语言行为并禁止社会乱伦。

事实是同音同形异义①。

最值得注意的是歧义不仅存于这个语言到那个语言之间，也存在于单一的同一种语言内部——"即便可能只存在一种语言的时候"，她说。《不可译辞典》教我依赖雅克·拉康在《冒失鬼》里就无意识语言发明的这条意见，然而这样的语言对每一种语言都是有价值的。"一种语言相比于其他语言，恰如其分地表现出其历史使其延续下来的完整歧义②。"语言之间并不相通，准确地说，因为每种语言调动的是其他反响，其他"一致性"，阿伦特在联想到波德莱尔时用法语说，以至于连同一种语言都没有准确说出她说的意思：trapeza（特拉佩扎）在现代希腊语中也是一家银行，mesa（梅萨）也指在卡斯蒂尔或者在安德森岛的高原。能指的声调和节奏总是回到语义的光晕

---

① "不同的语言只有在这方面有同样的同义性"，他在《埃斯库罗斯的〈阿伽门农〉导言》（ *Introduction à l'Agamemnon d'Eschyle* , G. S. , VI-II, 第 129 页, D. Thouard 译, 见《语言的民族性格》[*Sur le caractère national des langues* , Paris, Seuil, 2000, 第 33 页])中写道。我在《事故/汽车事故》中对此进行了发挥, 见《提供给阿兰·德·李贝拉的事故财产研究》（ *Compléments de substance. Éudes sur les propriétés accidentelles offerts à Alain de Libera*), Ch. Erismann et A. Schniewind 编, Paris, Vrin, 2008, 第 19—32 页。

② 《冒失鬼》(L'Étourdit), *Scilicet* , 4, Paris, Seuil, 1973, 第 47 页。

和瞄准的方式中——*Tisch*，"*der Gegenstand, der fur das tragende Prasentieren von Dingen da ist*"，桌子，被定义为"用来支撑展示物品的物件"，在汉娜的德语里，现象学词汇夺取了这个意义，给学究式的词语制造了压力。

流亡者，
人类境遇的先驱

那么身份、犹太女人、女人与单一语言、女流亡者的多种语言之间又有何种关系呢？这个有机关联目前在我看来十分清晰：摇摆的歧义成为一种典范，这一次流亡者、避难者、犹太人成为"人类境遇"的先驱，总之，他们体现了最不荒诞的规范。

在"共同体的边界上"，出现了"摇摆"这个词：这真好！一种阿伦特的乐观主义终于和洪堡的乐观主义形成了和谐音："为了一个共同而一致的世界"，把一致性连接起来。我们必须明白，我们可以"一起生活"的世界并不是起点而是终点，甚至是主要的调节器。这个世界特别是*经由*——或者可能必须说，从充满意义的术语上说，*经由*"比如"——有可能学习一门外语在政治上建构起来,尽管/由于存在着世界摇摆的歧义和居住在此的人的不安全感。良好的政治是:反对冒"极权主义"危险的"划一",选择从根本上使哲学的普遍性和真理复杂化。从思乡到摇摆的歧义:让本质动摇不定吧！为了世界也为了我们而尽可能做到的就是不要相信事物的本质。

我们可能发现令人感到奇怪的是这一境遇,这个阿伦特放进引号里的"人类境遇",是通过对流亡语言、对避难者以及犹太历史的反思揭示出来的。"我们不喜欢人家叫我们'避难者',"她1943年写道,"我们称自己为'新抵达者'或者'移民'。我们的报纸(她在《建构》[*Aufbau*]①上主持一个专栏,我摘出的"我们是避难者"[*We refugees*]这几行字1943年1月刊登在了《灯台杂志》[*The Menorah Journal*]上)针对的是'说德语的美国人'。"那是黑暗的年代:"显然,没有人想知道当代历史孕育了一种

———————

① 《建构》(*Aufbau*)是1934年由日耳曼-犹太俱乐部创办的发行于世界各地的给犹太人阅读的报纸。1939年,它的新领导福瑞德·乔治(Manfred George)把它办成了德国流亡新闻界一份首要的反纳粹报纸。这份报纸在纽约一直发行到2004年,现于苏黎世发行。从1941年起,阿伦特专栏维持了很多年,然而有一个惯用标题:《*It means you*》!

新形式的人类——他们被敌人送进集中营,被朋友送进劳改营①。"

正是在今天,流亡者、避难者、犹太人才不再是被排除在外的人,而是成为典范:"从一个国家走到另一个国家的避难者代表了他们民族的先驱——如果他们保留了自己的身份。犹太历史第一次与所有其他民族的历史不是分割而是联系在了一起②。"事实上这一点儿都不奇怪,"因为社会发现歧视是强大的社会武器,通过它可以滴血不流地杀人,因为护照和出生证有时甚至是报税单再也不是正式文件,而是成为社会区分人的标准"。因此我们不必惊异"年轻黑人走出华盛顿的博物馆时经常会说:'真不知道犹太人曾经是黑人啊'③"。1959年在阿伦特推荐的《关于小石城的遐想》中,她的生硬语气会造成什么样的影响啊:"作为犹太人,不言而喻,对于黑人事业以及所有被压迫和处于不利地位的人,我给予全部同情,

①　《我们这些另类的避难者》,《犹太人文集》,第422页。
②　同上,第432页,第431页。
③　米歇尔·贝伦鲍姆(Michael Berenbaum)关于华盛顿大屠杀的回忆录,Annette Wievorka引用,《证人时代》(L'Ère du témoin),Paris,Plon,1998,第151页。

我充分估计读者也会这样做,我希望这一事实是清楚的①。"

被指定的和具反作用的"作为"会对共同世界有所贡献吗? 这有待论证。但是可以坚定地确认,正是有了眼下的共同世界才有了乡愁。也许在这个世界只能有乡愁。欧洲可以在此充当典型和范例。还有京特·安德斯1950 年在南安普顿这样说过:"因此只有这样,回自己家;把亲人的尸骨远远抛在身后;跌倒于一座从未见过的城市的瓦砾堆;抵达从不相识的城市或者国家;向不属于我们的过往遗迹致敬。然而我们回到了家里。不仅仅因为对来自美洲的人来说,英国已经是欧洲了。而是因为我们四处为家的地方,无辜的牺牲者已经逝去②……"什么是欧洲人? 是对欧洲抱有思念之情的人。

飘忽不定的根

乡愁。回家的权利。回家是一种权利。大家都有回

---

① 《序言》,《异见》(Dissent),1959 年冬,第 46 页,E. Y. 布鲁尔引用,第 403 页。
② Günther Anders,《逃亡与返乡日记》,前揭,第 112 页。

家的权利。1948 年 11 月 11 日通过的联合国 194 号决议宣称，"有理由允许渴望尽早返回家园的避难者回乡，与近邻太平度日"。《返乡法规》1950 年 7 月 5 日由以色列国会表决通过，保证了每个犹太人及其可能组建的非犹太家庭移民至以色列。1974 年 11 月 22 日，联合国通过了 3236 号决议。该决议重申，"巴勒斯坦人返家并收回自家财产的权利不得转让，他们从那里背井离乡，有权要求返回"。京特·安德斯说他"有一天在纽约公共图书馆淘到关于《思乡病》(*Morbus Helveticus*)的旧文"，从中体验到了所有症状："我在美国生活的 14 年里，没有一天不在怀念我最后的欧洲故园——巴黎。"①他在那里体验到自身的所有真相。时间与空间之间的关系是："内心的逻辑在鉴定以往和过去时光及过去世间的家；不如更准确地说，是它们的原始单位——'时间'和'空间'还没有在两

---

① Günther Anders，《逃亡与返乡日记》，前揭。我编辑的内容在以下页码上：第 196 页（维也纳，1950 年 11 月），第 115—116 页（巴黎，1950 年 4 月），第 196 页（维也纳，1950 年 11 月），第 113 页（巴黎，1950 年 4 月），第 138 页（维也纳林山，1950 年 7 月），第 116 页（巴黎，1950 年 4 月），第 125 页（维也纳，1950 年 5 月），第 262 页（柏林，1953 年 6 月 18 日），第 263 页（柏林，1953 年 6 月 19 日），第 210 页（维也纳，1950 年 12 月）。

个分支之间分开之前的思想"。就算这是"致死的病",然而"可以把病人引向'愿望终了时'迅速治好它,即使只是为一个短暂的逗留",可能是因为感知(perception)无力与乡愁及其投出的影像相竞争:"乡愁,尤其是在逐年加重直至成为一种疾病时,勾勒出了'实质';感知提供的东西太、太、太偶然……说实话,只需一瞥足矣,就是那第一眼。"乡愁倍加感人:"现实,影像的阴影"/"令我们气愤的,不是已经改变了的东西,而是保留着的原样"。我们不知道最糟糕的是否是一切都变了还都是老样子。在家了吗?"我是'回来'了吗?可是……我'回来'的这个地方是我过去从未待过的地方",1950年5月他在维也纳如是记载。1953年6月18日他终于抵达柏林上空,犹如奥德修斯到达伊塔卡岛:"我千万次梦想着回家。难以想象:有些东西极端陌生——经过比较,旁边最为陌生的城市却有熟悉的面孔——那应该是了,是到家了,俯视的目光重新发现了一切。"19日,在不是自家的自己家,他倍感思乡:"'那上面是什么呀?'走在陌生人身后的某人问道……于是他走自己的路,比在最遥远的地方都未感受到的生疏还要陌生。他因为拒绝了这些陌生地方而受到惩罚:这里,他自己的家拒绝接受他。"

然而他的话对我来说浓缩了一切。1950年12月他在维也纳记载道:"大家都知道他的母亲去世了。但是没有人知道他的家也完了。"

我们受到这新形式的三段论教育之后,扛起船桨重新出发了。

可以说流亡是我们现代人生存境遇的范例,我们都是流亡者,这显然比不是流亡者或不是真正的流亡者要简单得多。乡愁,波尔赞热说,是"家产的文化之殇①"。当唯一的家产是语言,并以此为职业时,我们就可以夸夸其谈,不是赞扬背井离乡(因为最糟糕的是和海德格尔,最好的是和西蒙娜·薇依一起,赞扬扎根),而是去赞颂漂浮的扎根。"我们每日都在变换村庄,继续书写同一篇文章,不管是什么样的文章。起码我们在尝试。至于要知晓我们写下的东西是否能生根,扎下比悬浮在空中的、与我们血肉相连的根茎还要深的根,是另外一个问题②。"脱离土地的

---

① A. Bolzinger,《乡愁的历史》,前揭,第112页。

② Günther Anders,《逃亡与返乡日记》,前揭,第213页。

文化,这是一个准确的词语。在布莱希特的《逃亡者对话》中,吉费尔(高个子的物理学家,长着一双白净的手)刚刚让卡勒(小个子,有一双冶金工人的手)注意到"爱国主义"问题:"有件事一直让我感到好奇:人们必须以十分特殊的爱热爱那个要纳税的国家。爱国主义的基础,就是懂得满足于几乎一无所有:在一贫如洗时,这是一个优秀的品质。""大家总说必须在某处扎根",卡勒回应道,"我相信,唯一有根的生物是树,它们可能更喜欢没有根。这样它们也可以乘飞机了①。"事实是,"人……具有不用根就与土地相连的特性"(爱比克泰德,谈话,III,24,9)。既然如此,我赞同这样一种说法:生根的是用来造床的树,而非奥德修斯。而他,奥德修斯确实多变,不是止于周游和观景,是的,他想回家,*oikade*,"待在家里";然而在现实中他认不出自己的岛屿,由于对本来熟悉亲切的东西感到格外不安,岛屿令人焦灼;于是他立即绷紧神经出发,走向他乡的尽头,世界的另一端。

_____

① Bertolt Brecht,《逃亡者对话》(*Dialogue d'exilés*),法语撰文:Gilbert Badia,Jean Baudrillard,Paris,L'Arche,1972,第78—79页。

我于是像听历险课一样,选择听从不要在"那里"停留,就是说,绝不"待在那里",自己的家。与其扎根,不如在他处培育一个充满不同的"相似物"、似是而非的不会关闭的世界。

　　那么何时是在自己家了呢? 当自己,自己的亲人,以及自己的一门和多种语言受到欢迎的时候。

"轻与重"文丛（已出）

图书在版编目(CIP)数据

乡愁 /(法)卡森著;唐珍译.
--上海:华东师范大学出版社,2018
("轻与重"文丛)
ISBN 978 - 7 - 5675 - 7751 - 0

Ⅰ.①乡⋯ Ⅱ.①卡⋯②唐⋯ Ⅲ.①西方哲学—研究 Ⅳ.①B5

中国版本图书馆 CIP 数据核字(2018)第 101129 号

华东师范大学出版社六点分社

企划人 倪为国

轻与重文丛

乡愁

主　　编　姜丹丹
著　　者　(法)芭芭拉·卡森
译　　者　唐　珍(Tang Zhen)
责任编辑　高建红
责任校对　施美均
封面设计　姚　荣

出版发行　华东师范大学出版社
社　　址　上海市中山北路 3663 号　邮编　200062
网　　址　www. ecnupress. com. cn
电　　话　021 - 60821666　行政传真　021 - 62572105
客服电话　021 - 62865537
门市(邮购)电话　021 - 62869887
地　　址　上海市中山北路 3663 号华东师范大学校内先锋路口
网　　店　http://hdsdcbs. tmall. com

印 刷 者　上海盛隆印务有限公司
开　　本　787×1092　1/32
印　　张　4.75
字　　数　60 千字
版　　次　2020 年 4 月第 1 版
印　　次　2020 年 4 月第 1 次
书　　号　ISBN 978 - 7 - 5675 - 7751 - 0/B · 1131
定　　价　48.00 元

出 版 人　王　焰

(如发现本版图书有印订质量问题,请寄回本社客服中心调换或电话 021 - 62865537 联系)